和解と交わりをめざして

宗教改革500年を記念して

片山はるひ　高山貞美［編著］

2017年上智大学神学部
夏期神学講習会講演集

日本キリスト教団出版局

まえがき

父よ、あなたがわたしの内におられ、わたしがあなたの内にいるように、すべての人を一つにしてください。彼らもわたしたちの内にいるようにしてください。……わたしたちが一つであるように、彼らも一つになるためです。

（ヨハネ17・21―22）

ヨハネによる福音書17章の祈りは、四つの福音書の中に記録されているイエスの祈りの中でも最も長いもので、その内容から「大祭司の祈り」と呼ばれています。全体は三つの部分からなり、最初に「イエス自身のための祈り」（1―5節）、ついで「イエスの弟子たちのための祈り」（6―19節）があり、最後は「弟子たちによって信じるすべての人のための祈り」（20―26節）という構成になっています。父と子の一体性の中に（現在だけでなく、将来の）弟子たちも加えられることによって、父なる神の栄光がますます明らかになりますように、というイエスの深い願いがこめられています。

このように弟子たちが「一つになる」ことが強調されている背景には、ヨハネによる福音書が書かれた当時の時代状況、つまり西暦一世紀末ごろのヨハネ共同体が直面していた危機的状況があげられます。ユダヤ教指導者たちは、父なる神とイエスを分離し、イエスとイエスに属する者たちを異端とみなし、シナゴーグから追放しました（16・2ほか）。こうした弾圧は、ユダヤ教の側にも分裂を生じさせる（9・16ほか）一方で、弟子たちの中にも少なからぬ脱落者を生むことになります込む、古今東西デリケートで複雑な問題であることがわかります。（6・66）。いったい何を信じ、誰を神と仰ぐのかという信仰の問題は、時として人々を争いに巻き

さて、二〇一七年はマルティン・ルターによって始められた宗教改革の五〇〇周年にあたります。宗教改革は、ドイツのルター、スイスのカルヴァンらの教会改革に端を発し、キリスト教世界をカトリックとプロテスタントに二分し、同時に社会と政治の変動をもたらす大きなうねりとなりました。さらに歴史の流れの中で、プロテスタント教会は諸々の教義の違いから多くの教派に分かれました。概して言えば、十六世紀にはルーテル教会もカトリック教会も相手を誤解していただけでなく、いたずらに相違点を誇張し、相手の見解に耳を傾ける姿勢が十分ではありませんでした。神学的考察と政治的利害が複雑に絡み合った状況の中で、それぞれが共通に保持しているものを評価するよりも、しばしば意図的に対立を煽って反目を深めてしまいました。これはどんな宗教についても言えることかもしれませんが、自らの固有性と優位性を強調するあまり、他宗教・他宗派に対して対話の扉を閉ざし非寛容な態度をとりつづけるならば、時代遅れで独善的な組織になってしまうのではないでしょうか。

幸いなことに、ここ半世紀はプロテスタント諸教会とカトリック教会の間で神学的な対話が積み重ねられた結果、断罪から赦しへ、対立から和解への空気が醸成されるようになりました。幾つもの教派に分かれていても、もとは同じ一つの「キリストの体」に属する共同体であり、キリストによって選ばれた「神の民」の一員です。互いに福音の喜びを共有し、キリストの愛を証しする兄弟姉妹であることを再確認するべきでしょう。

過去の出来事は変えることができないが、過去のことで記憶されていることと、それがどのように想起されるのかは、時間の経過と共に変わることがあり得る。想起は過去を現在化する。過去それ自体は不可変であるが、現在における過去の現在化の仕方は、変えることができる。二〇一七年を考えてみると、大切なのは、違った歴史を語るのではなく、この歴史を違った仕方で語ることである。

まえがき

この文章は、ルーテル教会とカトリック教会のエキュメニカルな対話の場である「一致に関するルーテル＝ローマ・カトリック委員会」が、二〇一三年に発表した共同文書『争いから交わりへ』からとられたものです。そこで述べられているように、過去の出来事自体を変えることはできませんが、その意味づけを変えることは可能です。過去の「争い」の歴史を振り返りながら、過去から真摯に学ぶことで、それを未来のゆたかな「交わり」に繋げていくための新たな出発点とすることも可能であると考えます。

今日のグローバル化した世界は、いたるところで分断や分裂の痛みを負い、さまざまな綻びを見せている社会であると言えるでしょう。宗教改革五〇〇年を記念して多くの方々のご尽力によって出版された本書が、福音宣教のため、また教会一致のために、濃厚な学びが得られる最適な書籍の一つとなることを願ってやみません。

髙山　貞美

凡　例

一、聖書の書名表記や引用は原則として『聖書　新共同訳』（日本聖書協会）に準拠したが、筆者の意向で変更する場合にはその都度付記した。

二、「使徒的勧告」「回勅」の言意は以下の通り。
「使徒的勧告」　ローマ教皇が聖職者や修道者、司教等に向けて、その霊的生活を成長させるよう励まし勇気づけるための勧告
「回勅」　教皇が司牧的な意図に基づいて信者の信仰生活を導き、彼らを謬論から守るために全カトリック教会に宛てて送る書簡

三、本文中の〔　〕は、筆者によって補われた注や訳注を示す。

四、注は各論文の最後にまとめた。

和解と交わりをめざして――宗教改革５００年を記念して　＊目次

装丁　桂川 潤

第Ⅰ部　「和解」を求めて

ルター──福音に生かされる

石居　基夫

1　はじめに

宗教改革五〇〇年の記念の年を迎え、ルーテル教会ではもちろんだが、カトリック教会においても、この時にルター、そして宗教改革ということを改めて学ぶ機会がつくられている。この上智大学でも、そうした学びを深めるということで今回の夏期神学講習会も企画されたと聞いている。実際、この講習会の総合テーマは「和解と交わりをめざして──ともに告げるキリストの福音」となっていて、これが宗教改革五〇〇年を記念して行われるということは大変意味のあることだと思う。

記念の年なのだから当然のように思われるかもしれないが、宗教改革の学びをカトリックの、そして神学部をもった大学のなかでなされること自体、大変特別なことと思われる。なぜなら、「宗教改革」は、ルーテル教会やプロテスタント教会においては自らのアイデンティティを確認するようなことになるわけだが、カトリック側からすれば、基本的に、ルター派はじめプロテスタントの誕生は教会を割る異端の誕生であり、決して記念して憶えるようなものではないからである。実際、今から一〇〇年前の宗教改革四〇〇年の時は、カトリックの世界では「宗教改悪」を行ったルターに対する批判の論調がもっぱらであって、これに学ぶなどということはほとんど考えられていなかった。つまり、この一〇〇年で両教会、特にカトリック教会が大きく変わったと言ってよいと思う。それは、なによりもこのテーマにある「和解と交わりをめざして」という目標をはっきりと掲げ、その歩みを進めてきた成果である。

二十一世紀となって、宗教改革五〇〇年の記念を迎えることになった今日の世界は、平和とはほど遠く、争いと分裂、テロや戦争が繰り返されるような状況にある。そうであるからこそ、こうしたキリスト教の世界で、かつて分裂し争いあったものたちが、対話を通して一致と交わりを造り出してきたことを証ししていかなければならないと思う。

2　現在のエキュメニズム

では、こうしたキリスト教界における一致の運動というものはどのような姿であるのか。教会一致の運動の到達点、特にカトリックとルーテルの間の状況がどういうことになっているのかを最初に確認しておきたい。

⑴共同声明

まず、最初に触れておきたいのは、この両教会が共同で公にした最新の声明である。二〇一六年の十月三十一日に、スウェーデンのルンドでカトリック教会とルーテル教会が共同で祈りの式、礼拝をおこなった。カトリックのフランシスコ教皇とルーテル世界連盟のムニブ・ユナン議長が共同で司式をおこなって、宗教改革五〇〇年を記念する礼拝が守られた。この礼拝は、二〇一七年に世界中のカトリック教会とルーテル教会が宗教改革五〇〇年を共同で記念しておこなう礼拝をうながすものとなり、またそのモデルとなった礼拝である。その礼拝のあと、フランシスコ教皇とユナン議長が署名をして公にしたものがこの「共同声明」である。ここには、両教会のエキュメニカルな交わりがどのような地点にたっているのかということが、大変よく示されている。細かく学びたいところではあるが、その一部だけを見てみたい。

まず、この声明は「争いから交わりへと変わっていく」という表題のもとで、「宗教改革によって受けた霊的、また神学的な賜物に深く感謝」するという。宗教改革が、「霊的、また神学的な賜物」であるということをルーテル教会が言うのは当然だが、こうした理解をカトリック教会も共同で表明したことは大変意義深い。

そして、それに続けて、この宗教改革が「目に見える一致を傷つけてきたことをキリストのみ前でざんげし、悲しみます」と表明している。これは、この改革運動の結果、本来一つであるべきキリストの教会が分かれ分かれになってしまった責任を、両方の教会が主のみ前に言い表しているということに他ならない。それは同時に、この分裂をそのままに放置しておくことはできないという両教会の姿勢と決意を表すことになる。エキュメニズムが目指す方向性がはっきりと示されている。

この声明は、一致を目指す相互の関わりこそが福音を証しするものであるとの理解を示し、洗礼に根拠づけられたキリストとの一致を確認して、将来的に一つの聖餐をいただくことを具体的な目標としている。さらに、こうして証しされる福音とその救いへとすべての人々を招き、尊厳、正義、平和、和解がもたらされるために共同して働くことが積極的に述べられていく。これらは、一つのキリストの体に連なるカトリック教会とルーテル教会が、エキュメニカルな交わりを通して、福音宣教という課題を共に担いながら歩んでいく、という理解の到達点を示していると言ってよいだろう。

⑵第二バチカン公会議と対話のあゆみ

カトリックとルーテルの間でのエキュメニカルな交わりがこれほどまでに深められてくるのには、五〇〇年かかったと言ってよいだろう。しかし、実際には、ここ五〇年の国際レベルでの両教会のエキュメニカルな対話が、相互理解と交わりを進めてきたのだ。

この対話を現実に可能としたのは、一九六二年から六五年まで行われたカトリック教会の第二バチカン公会議である。この公会議は、カトリック教会のなかに大きな改革をもたらすものだった。「アジョルナメント」——これは「現代化」あるいは「今日化」と訳せるかと思う——この命題のもとに、カトリック教会はこれまでのあり方を大きく改めていったのである。カトリック教会が現代世界の問題により深く徹底して関わり、今を生きる人々の苦しみ、嘆き、哀しみに対して福音を証しし、神の愛を実現していくように、教会全体のあり方を見直していく改革であった。

その公会議で、公にされたものの一つが一九六四年に出された「エキュメニズムに関する教令」である。これによってカトリック教会は、ルーテル教会はじめ他のプロテスタント諸教会に対する姿勢を決定的に改め、これらカトリック教会の外の諸教会のなかにも真理が表されている可能性をはじめて認めたのだ。そして、プロテスタント教会の人々に「分かたれた兄弟たち」と呼びかけた。

これが、それからのカトリック教会と諸教会との間のエキュメニカルな対話を急速に進展させる根拠となる。これを受けて、一九六七年、カトリック教会とルーテル世界連盟との間で、国際レベルの対話の委員会がおかれ、正式な対話が始められることとなった。だから、二〇一七年は、宗教改革五〇〇年であると同時に、カトリックとルーテルの対話が五〇年の節目を迎えるということでもある。

(3) 対話の成果

この五〇年間の対話で、最初に取り組まれたことが、福音の理解であった。つまり、両教会は共に福音を証しし、宣べ伝える関係でありえるのかという、一番根っこの確認を求め合ったのだ。この交わりが、単に「仲良くしましょう」といったことではなく、教会一致を目指す明確な目的のあることが示されたわけである。一九七二年には、この国際対話の成果がまとめられ、互いの教会の福音理解を相互に認め合う基本的な道筋が確認されることとなった。

こうした対話の積み重ねのなかで最も大きな成果は、なんと言っても一九九九年の十月三十一日にアウグスブルクの教会でカトリック教会とルーテル世界連盟とが共同して宣言した『義認の教理に関する共同宣言』である。「義認の教理」というのは、簡単に言えば、救いについての最も中心的な理解を示す教えと言ってよい。ルーテル教会は宗教改革的諸文書のなかでこの義認の理解をめぐって自らの考えを鮮明にしてきた一方、カトリック教会はトリエント公会議において、こうした改革陣営の主張に対してはっきりとした断罪を示していた。いわば宗教改革における争点であり、分裂を決定づけることになった教理なのである。その教理の理解について、積み重ねられた対話は、もはや互いを断罪し合うような違いを認めないとの実りをもたらしたのである。もちろん、それぞれに違いがあること、そしてなおそうした相違についても理解を深めていくという課題を残してはいる。けれども、カトリック教会とルーテル側とが、共にこの教理にかんする一致した理解を宣言したことの意味は大変大きなものだ。かつて両教会の分裂を決定づけることになったこの「義認」をめぐる理解において、もはや争い合うような問題点は無く、一致した理解を示しうることが明らかにされたのだ。

もう一つ、この対話の歴史の成果を示したものとして、『争いから交わりへ』という二〇一三年に公にされた文書があげられる。これは、宗教改革五〇〇年を共同で記念するために、これまでの両教会の歴史を振り返り、お互いにキリストの教会としてふさわしいあり方を必ずしも示すことができなかった過去を悔い改め、そして、互いの理解を深め和解と一致の歩みを重ねてきたことを改めて明らかにした文書である。また、これからの両教会の責務を公にして、現代世界への宣教を共に進めていく決意が示されている。この文書が公にされたことによって、単にルーテル教会がこの宗教改革五〇〇年を記念するということではなく、カトリック教会とルーテル教会が共にこれを記念し、分裂の歴史に一つの節目を作ることになったのである。

こうした対話の成果が積み重ねられてきた上に、今、また新たにカトリック教会とルーテル教会の新しい共同、和解と交わりの歩みが始められようとしているのである。

3　ルターの宗教改革とは

さて、こうして今の私たちが福音宣教という視点で一致してきていることを確かめたところで、改めて、それではそもそも宗教改革とは何だったのかを学んでみたい。

⑴時代背景

宗教改革五〇〇年ということでいま考えられているのは、十六世紀のルターからはじまる宗教改革運動のことだが、それ以前にも、たとえばウィクリフやフスらの先駆的な取り組みが見られる。実は、教会はいつの時代でも改革が必要なのである。それは、教会が具体的にはこの世に存在し、罪人であり、また有限な存在である人間の集まりである限り、避けることができない。神の働きとその教えを表すには、どうしても現実の教会は不十分なものとならざるを得ないのだし、また意図しなくても人間の罪のために歪んでしまうことも避けられないからだ。この世における具体的な腐敗、堕落ということも起こるのが現実だ。

しかし、ルターの宗教改革は、一般的な意味での教会腐敗に対する改革とは少し異なったものだった。教会の腐敗ではなく、むしろ、当時の教会で素晴らしいと考えられてきたような実践と神学のなかに忍び込んでいる、人間の深い問題をとらえたものだった。それだけに、当時の教会はこの改革の呼びかけを簡単に受け入れることは難しかったとも言える。

中世末、町ごとに教会が建てられ、その姿そのものが人々の信仰生活に具体的な霊的導きを与えたと言ってよいだろう。十三世紀から十六世紀にかけて、いわゆるゴシック形式と呼ばれる様式で多くの教会が建てられていくわけだが、それぞれの地域で少し小高い場所に町を見下ろすように大きく高い尖塔を持つ教会が聳え立ち、人々の生活を見守り導くようにその姿を見せていた。教会堂は高い天井を持ち、大きな窓に飾られたステンドグラスから美しい光が会堂内にこぼれ落ちる。人々は、そのステンドグラスに描かれた情景によって、聖書の物語に親しみ、神の恵みの歴史を教えられ、救いへの道を示される。この教会で、人々は生まれた時から死ぬ時まで、一連の七つのサクラメント、洗礼・聖餐・堅信・告解（ゆるし）・結婚・叙階・終油（病者の塗油）によって、霊的に導かれ、天国への階段をのぼっていくように支えられるのだ。教会のサクラメントを受けながら、神のみこころにふさわしい善行を積んで、より正しいものとなっていく階段をのぼる。

もちろん、死んですぐに天国に入れるというわけにはいかない。人はそれぞれ、この天国行きの階段をのぼっていくのだけれど、充分にふさわしい成果をもってのぼり詰めているというわけにはいかないからだ。教会は、そういう私たちに用意された場所があると教えた。そこは煉獄と呼ばれるところで、この世で生きている間の善行と悪行のバランスシートによって定められる一定の期間、そこで罪の浄めを過ごすと教えられた。

こうした教会の教えと実践を支えた当時の神学は、恵みによって人間が神のみこころに生きることで救いへと導かれ、天国にふさわしい義人となっていくことで救われると教えたのだ。つまり、善いことをした功績に従って救いへの近さが示されていく。宗教的に正しく、善いことをした人が救われ、そうでなければ苦しみのなかにおかれる。ただ、人間にはそんなに簡単には天国に届くような善行を積めるはずも無く、ほとんどすべての魂は煉獄に苦しむこととなる。逆に、自分が天国へ行くのに必要な功績を、はるかに超えるほど素晴らしい善行を行うような信仰者もまれにはある。それが聖人と呼ばれる人たちで、その聖人の積んだ功績を教会は宝として蓄えてきたのだ。そして、その功徳に一般の人たちが与ることができるように用いられたのが免償符であった。いわゆる「免罪符」は――より正しくいうならば「免償符」だが――煉獄で苦しんでいる者の魂が過ごすべき浄罪の期間を短くするためのお札のようなものである。

ここに一貫しているのは、天国に入るために、一人ひとりがそれにふさわしい善行を行ったと認められることが必要であり、必要な功績を積むことによって、煉獄の苦しみから天国へとのぼらせてもらう必要があるとの考えである。つまり、いわゆる救いへの功績主義的な考え方だと言ってよいだろう。「信じています」と言うだけでは救われない。信じた上で、ちゃんと善いことをしたら、その人が救いに与るということだ。至極まともな考えで、誰もが納得するものだと言えるだろう。けれども、そこにキリストの福音が見出されるのか。ルターにとっては、ただその一点が問題だったのだ。

⑵ルターの内的な問い

マルティン・ルターは中世末に生きた信仰者である。この時代の最も大きな問題は、ペストの流行だった。中世末、ヨーロッパの人口の四分の一から三分の一がペストによって失われたと言われる。それだけ、死が日常化し、身近な驚異となっていた。ルター自身、特にこの死の問題に悩まされた。ちょうど級友や恩師を亡くす経験や自ら大けがをして死にそうになることなどもあって、非常に死を恐れたと言われている。

しかし、それはおそらく死の問題であると共に生の問題でもあっただろう。近代への胎動がはじまるこの頃は、科学や航海術が大きな発展を遂げ、ヨーロッパの世界観、教会が教え守っていた世界についての見方が大きく変わっていった時代である。また、新しい産業が生まれることによって、中世の封建制が音を立てて崩れていくような時代でもあった。この激動の世界のなかで生きることは、漠とした恐れと不安につつまれていたことでもあろう。いったいどのように生きるのかという問題に一人ひとりが向き合わざるを得なかったのである。

デューラーの「騎士」（版画）にはこの時代の精神が現われていると言われる。中世末の人生の旅路にはいつも死と悪魔の力が影を落としていたことが描き出されているのだ。つまり、死の問題は、この時代を生きるものに襲いかかる、逃げることのできない大きな不安だったと言えるのだ。これまでは、封建制の社会のなかで生まれながらに決められた人生を生きることだけがすべてであったのだが、中世の終わりのこの時代、人は、自分がどう生きるのかを自分で選び取ることになったのだ。ルターの父ハンスは、もとは農夫であったが、自ら選び取った炭鉱作業員として働きはじめ、後に経営者となるほどに一代で大きな財をなし成功をおさめたが、逆にすべてを失って放浪する者たちもたくさんあった。激動する世界のなかに投げ出された個として、ルターは何を生きることで人生の確かさを得られるのか。そういう不安がつきまとっているわけだ。それが彼とそして同時代の人々の精神の背景だったと言えるのだろう。

成功者であった父ハンスの子どもたちに期待することは大きかった。特にルターについては、法律家にしようと考えたようだ。激動の時代を生き抜くのには法律を知っていることが自分の身を守ることにもなるし、将来を保証するものとなると考え、五歳の時からラテン語教育を受けさせて将来に備えたという。ルターはいわば当時のエリートたちの歩む道を歩み、将来が約束されていたとも言えるだろう。にも拘らず、ルターは、生きることに大きな不安を抱えていた。その経済的な確かさが、生きることの確かさとはならないと分かっていたからに違いない。級友や恩師の死が、彼にそうした問いをつきつけたのだろう。大学院修士課程を終え博士課程がはじまった直後、ルターは一度家に戻っている。おそらく、実家に戻り両親に何か自分の進路について相談をしたのではないかと思われる。ただ、両親はそんなルターのことばに耳を傾けることも無く、大学に追い返したにちがいない。

ルターが修道院に入ることになった直接のきっかけは、この自宅から大学へと戻る旅路の途中で落雷にあった時、炭鉱の守護聖人、聖アンナに助けを求め、修道院に入ることを約束したことによるという。おそらく、生と死を見つめ続けたルターには約束された法律家としてのこの世での成功が必ずしも自らの生の確かさとはどうしても思えなかったのだ。当時の教会は天国への階段を示して、この階段を駆け上がれば、見えてくる生の確かさがあると教えていたので、ルターは大学で法律を学ぶよりも、より高い場所、修道院において恵みの神を我がものとしたいと願ったのである。

(3) 修道院と聖書

ルターは、数ある修道院のなかでとりわけ熱心な修道生活を実践していたアウグスティヌス隠修士修道会に入り、厳格な修道生活に熱心に取り組んだ。

ところが、ルターは、天国への確かな階段を駆け上がっている自分の姿よりも、むしろ自らの罪の自覚を深めていくことになる。ルターは、自分のうちに罪を見出し、神から遠く離れた自分を見出すと、急ぎ告解室の聴罪司祭のもとで告解の秘跡を受け、自室に戻るということを繰り返した。修道院へ入り、叙階を受けることとは、一般の人々が通る天国への階段とは違ったエスカレーターに乗るようなものだ。世俗の生活をすべて捨てて、神に仕える日々への転身は特別に高い功績をあげることになり、いっきに駆け上がっていくことを意味した。ルターは、この修道生活でいっきに恵みの神のみもとに近づき、心の平安と生の確かさを獲得できると思っていただろう。しかし、気がつくと、この修道生活は、まるで速度のある下りエスカレーターを必死にのぼっているかのごとく感じられるものであった。天国への階段をのぼっているはずなのに、神から遠い自分を発見するばかりで、求めたはずの生の充実は決して自分のものとすることができないままだった。ルターは、ますます死の恐怖を味わい、さらには、この自らの魂の叫びに応えるものを何一つ発見できなかった。天国への階段を功績によってのぼっていくことを教える神学は、罪の深い自覚に留まる魂に応えるものが無かったのである。

そうした大きな神学的、霊的な迷いのなかで、ルターは大学で聖書の授業を担当するようになる。ルターは、自分の信仰的な問いへの神の答えを、聖書に尋ね求めていくことになった。この聖書の学びが宗教改革の神学を形成していくもっとも重要な取り組みとなったと言えるだろう。

⑷福音の再発見

ルターにとっての一番の問題は、「神の義」ということばだった。聖書にはいくつも「神の義」ということばが出てくるが、この「義」とはなにかといえば、正しさのことを意味する。中世の神学においては、「神の義」といえば、二つのことが教えられていた。一つは、神が正しいということ、そして、もう一つは神が、その正しさをもって人間を計り、裁くための物差しとしての正しさ。これがルターの魂に恐れをもたらすものとなった。

たとえば、ローマの信徒への手紙1章17節には「福音には、神の義が啓示され」ていると記されている。つまり、神の義は私を裁く神の正しさのことなので、救いであるべき福音に裁きのことばが示されているということになる。しかし、福音が裁きのことばであるならば、罪人には逃げる場所がなく、救いは感じられないということになってしまう。

それで、ルターは聖書そのものに尋ねた。すると、この神の義ということは、必ずしも自分を裁く義ということだけではなく、もう少し大きな、大切な意味があることが分かってくる。たとえば、同じローマの信徒への手紙の3章21―22節にはこう書いてある。「ところが今や、律法とは関係なく、しかも律法と預言者によって立証されて、神の義が示されました。すなわち、イエス・キリストを信じることにより、信じる者すべてに与えられる神の義です。そこには何の差別もありません」。ここには、裁く「神の義」ではなく、与えられる「神の義」が記されているのだ。自分が善い行いをして、正しいものとなるのではなく、罪人である自分に信仰を通してキリストの義が与えられるのであり、そういう与えられる義、その神の恵みの働きについて聖書は教えているということが分かってくる。

これが、ルターが福音の根幹にあるものとした「義認の教理」の考えであって、一般に「信仰義認論」と呼ばれている。

ルターは、正しい者となっていくように一つずつ階段を駆け上がることを教えられてきたわけだが、階段をのぼることもできず、むしろ下っているのではないかと思うほどに罪ある自分を見るばかりであった。しかし、そののぼることのできない自分のところにイエス・キリストがおいでになって、ご自身の義を与えてくださり、その主への信頼・信仰によって、自分がゆるされ、裁きのなかではなく、むしろ救いの恵みに入れられるのである。神はその高みにおいて、「のぼってこい」と言っておられるのではなく、のぼることのできない私のところに降ってこられ、この私をかけがえのないものとして抱きしめ、赦し、「さあ、ここからいこう」と、私の手をとって歩みだしてくださる。それがキリストの恵み、聖書の福音であり、キリストによって与えられる「神の義」には、確かな救いの約束が示され、その恵みへの信仰によって生かされていくのだと、ルターはこのような福音の再発見をすることになった。

(5) 改革は人々と共に

こうして、ルターは中世の教会が教えていた神学の枠組みを超えてでも、聖書に取り組むことで、福音のことばとその力に生かされていくこととなった。

けれども、この宗教改革的神学は、ただルター一人のものとして見出されていったというより、人々と共に聖書に取り組んだことがそれを生み出す大きな力となったのではないかと思う。大学で、若い学生たちと共に聖書を学ぶことが実際のルターの福音発見につながったに違いない。一五一三年から一四年にかけて、ルターは第一回の詩編講義を担当した。詩編71編のはじめにある「神の義」ということばが、その学びを深めていく時に、神の恵みの働きを見出していく手がかりになったようだ。講義を聞いていた学生たちの反応のなかで、ルターは同時代を生きる人々の魂に働く神のことばの確かさを目の当たりにしたのではないだろうか。福音理解はルター一人のものではなく、むしろ大勢の人々と共に分かち合うべきものだ、との確信が彼のなかに生まれてきたのだと言ってよいだろう。これが、宗教改革の呼びかけになっていく。

一五一七年十月三十一日、ヴィッテンベルクの城教会の扉に「贖宥の効力に関する九五ヶ条の提題」という公開の質問状のようなものを張り出したと言われている。すでに説明したように免償符は煉獄での浄罪の期間を免ずる証書であり、中世の末に盛んに発行され、献金を集めるために用いられた。ちょうどローマでは聖ピエトロ大聖堂の建設のための費用が必要となり、修道士テッツェルがドイツなかでこれを売り歩いていた。これによってドイツのお金がローマに流れていくこととなり、ドイツの領主たちには不評でもあったといわれる。いずれにせよ、この免償符とは何かを問いかけるのがこの「九五ヶ条」である。しかし、実際そこで問題とされているのは、教会が示しているこの天国にのぼる階段のシステム、功績主義の枠組みそのものであったと言ってよいだろう。これにはじまるルターの改革的文書は、いずれも彼が見出した福音のみことばにすべての人々が生かされていくべきとの思いによるものだ。

ルターは、なによりも聖書、神のみことばによって、この福音に出逢い、生かされていくことになったので、なんとしてもすべての人が聖書を読むこと、そしてこの聖書の示す神のことばに直接に聞くことで、信仰を生きるように人々に教えた。これが具体的な改革の形をとっていく。当時は、聖書も礼拝もみなラテン語であったのに対して、ルターはそれぞれ母国語での聖書、礼拝が必要だと、改革を呼びかけ、実際の聖書のドイツ語訳やドイツ語でのミサの式文などをつくっていく。

また、ルターは礼拝全体を改革し、福音を妨げる要素があればこれを取り除いていった。その結果、説教を重んじ、福音の伝達ということに大きな主眼がおかれるようになった。聖餐もキリストの言われるとおりにパンとぶどう酒の二種陪餐を行うようになった。そしてなにより、礼拝に集う会衆が皆で歌う賛美歌――いわゆる、コラール――を自ら作詞作曲していった。ルターが「賛美歌は会衆の歌う説教」とさえ言ったのは、なによりも会衆が神のみことばを分かち合うのに音楽が大きな力になったということでもあろう。

つまり、ルターの宗教改革は単なる神学思想の問題なのではなく、人々と共に神のみことばに聞き、共に生かされていこうというものであるので、信仰生活の改革と言ってもいいだろう。共にみことばを学ぶことができるようにすべての子どもに教育が必要であると説き、また、社会のなかにある貧困、その具体的な課題に答えていくような福祉の働きも皆で考える公的な問題として取り組むよう説いた。神と人に仕える生き方も、それが教会の司祭になるとか、修道士になるということばかりではなく、すべての人がそれぞれの働き、務め、身分のなかでなし得るものと教えた。

ルターは、教会が伝えるべきは、神がキリストを通じて一人ひとりを新しく神とのつながりのなかに生かそうと語りかけるみことばであると信じ、教会の姿、礼拝のあり方を大きく変えていくこととなったのである。

⑹ルターの限界

こう見てくると、宗教改革の意義深さを改めて受け取れるように思うが、これは、決してルターを素晴らしいと称えるようなこととは違う。ルター自身をみれば、むしろ人間としての限界もたくさんあったことが知られるのだ。

カトリックの方々からすれば、おそらくルターの神学的な内容はともかく、そのことばの激しさが改革のなかで勢い強い口調で表現されると、聞くに堪えないということもあるかもしれない。実際、著作を読んでいるとしばしば、ローマの教会や特に教皇に向けられたことば遣いに、言い過ぎではないかと思わされることがしばしばある。実際には、破門され、攻撃されつづけたルター自身にも多くの強いことばが浴びせられていたため、お互いさまということもあるかもしれない。しかし、ルターも非常に気性の激しい人物であったことは間違いなく、それが彼の人間的な弱さと言えるかもしれない。

また、それ以上に、あとの時代、特に現代から振り返ってみると、改革者ルターという人のなかに矛盾や、あるいはあやまったかたくなさというものがあったことも見て取れる。そうした点については、充分に注意をすべきだと思うし、歴史的な限界性を考えるべきだろうと思われる。

最もよく指摘されるのは、一五二四年の農民戦争の時のルターの態度だ。宗教改革の初期、改革運動の大きなうねりが当時の社会の支配層に対する不満と結びついて、農奴制の廃止など社会改革の要求となり、農民一揆のようなものが起こった。この時ルターは、はじめは農民に同情的でもあったが、結局領主の側について、農民は秩序を乱すものと断じ、激しいことばで徹底してこれを排除、鎮圧すべきとしたのである。これは、特に社会改革を軸に考える思想からすれば、ルターの反動、保守的な性格ということで、強く非難される点でもある。

同様に、ユダヤ人について、あるいはトルコ人つまりイスラムの人たちに対するルターの態度・発言にも激しいものがあり、そうしたことばがユダヤ人迫害をおこなったナチスに利用されたりしたこともある。

しかし、いずれも、福音の宣教ということだけが主要な問題であったルターにとっては、そうした急激な社会改革が目的ではなかったこと、また彼自身が基本的に中世の保守的な人物であったということを示しているのだろう。そういう意味で、ルターの歴史的限界性ということはしっかりと批判的に見ておく必要がある。

ルターの時代には、考えられていなかったかもしれないが、私たちは宗教を超えて、神の普遍性によって開かれた形で宗教、キリスト教の存在を問い直す必要もあろう。そうしたなかで、ルターの限界性の問題は見過ごすことはできないと確認しておきたい。

4　現代の宣教における福音のことば

さて、こうしてルターの宗教改革を振り返ってみると、宗教改革が示したものとは、改革された教会は絶えず改革される教会であるべきだ、ということに尽きるかもしれない。

⑴時代の苦悩にこたえる

改革の原動力は、その時代に生きる人々の苦悩に対して、福音が分かち合われるようになっているのかと教会を問い直すところにある。十六世紀に、ルター自身がその時代の苦悩を生き、教会に救いを求めたがなかなかそれが得られずに、改めて聖書に福音を尋ね求めていったことが、改革を生み出すことになった。そして同時にその答えが当時の多くの人々の魂の問いにこたえるものであったからこそ、それは大きな改革運動になっていった。つまり、教会がもしもその時代の苦悩に向き合えていないとするなら、それは、その教会に改革が必要となっていると知らなければならない。

実際、最初にも触れた、カトリック教会の第二バチカン公会議におけるアジョルナメントとは、まさにそういう問題意識から生まれている改革なのだ。また、特に最近のフランシスコ教皇は積極的に現代の問題に関わって声明などを出されている。こうしたことにも教派をこえて、深く学んでいきたいものだ。

では、現代世界はどのような苦悩があるだろうか。

高度に発達した科学技術や産業のみのりを受けて現代を生きる私たちは確かに豊かになったと言ってよいのかもしれないが、格差は広がり、人間関係が深く傷つけられ、切り裂かれている。自分を守るために、他者を排除し、対立も分断も生まれている。「〜ファースト」といって、自分の利益を優先させ、共に生きる隣人を狭く限定して、身近な苦悩に目をつぶる。あるいはテロや戦争が起こるということだけではなく、いじめや虐待、ヘイトスピーチなど人間のいのちと尊厳が奪われている。地球規模の天然資源の乱開発が異常気象を招いているし、それが原因となる自然災害も巨大な被害を生みだしている。公害・汚染が深刻化していて、なかでも核・放射能の問題は非常に深刻なものとなっているだろう。現代世界に生きる私たちの苦悩は多岐にわたる。この苦悩を生きる私たちにとって、神の福音とはなにかを改めて確かめ、そして、それを分かち合うことばを紡ぎ、福音を分かち合っていかなければならない。

宗教改革五〇〇年をどう迎えるのかということでカトリック教会とルーテル教会が公にした、『争いから交わりへ』の最後の章に、これからの両教会の五つの責務が掲げられている。その最後の二つは、教会としてのこの世界に対する宣教的責務だ。第四の責務には、「現代にとってイエス・キリストの福音が持つ力を共に再発見する」ようにつとめること、そして第五には、「世に対する宣教と奉仕のなかで、神の憐れみを共に証し」していくことが宣言されている。

私たちはキリストによって生かされ、新しい時代に神の恵みを示していく教会の使命を分かちもっている。だから、福音を深く学び、理解し、それに生かされて、主の宣教の業へと向かっていくことが大切なのだ。

(2) 対話による歩み

また、このようにカトリック教会とルーテル教会とが一致のために歩みを進められたこと自体も大変大切な証しになることも憶えていたい。かつての対立、分断、断罪と争いという歴史を生きてきた両教会が、丁寧な対話を積み重ねることによって、和解と交わり、協力をうみだしてきたということは、現代世界の状況に一つのモデルを示すと言ってもよいだろう。『争いから交わりへ』は、その証しそのものである。

ユダヤ人思想家マルティン・ブーバーは、関係の根源語として、「我とそれ」と「我と汝」という二つがあると言っている。「我とそれ」は、相手を自分の利益のための手段として見るような関係のことで、一方、「我と汝」とは、両方が同じ主体として尊重される人格的な関係であるという。まさに、両教会の対話、それによってつくられてきた関係は、「我と汝」という関係であるだろう。両教会は、相手の尊厳を重んじ、常に一致や共同・協働を考えて、悔い改めや自らを変容することを恐れずに受け入れることで対話を進めてきた。それが他者を理解すること、共に生きることを具体的につくってきたのだ。

しかし、この両教会の対話の根底には、まず、神が私たちに語りかけ、私たちも神に祈り、告白するという、神と私たちの関係が根底にあったことも憶えられなければならないだろう。その神の語りかけに聞き、応答するという信仰が、私たちの互いを新しい関係へと導く力だったのだ。

そうした人間同士の関係の回復は、同じキリスト教信仰のなかにある、カトリック教会とルーテル教会、あるいは他の諸教派との関係ということに限ったことではない。むしろ、異なる宗教を信じる人々や、信仰をもたない人たちも含めたすべての人間の関係において考えられていかなければならないだろう。現代世界の様々な争いのなかに宗教的な対立があるなどと言われているならば、なおのこと、そうした異なる信仰をもつものであっても、神の創られたこの世界に生きるお互いを認め合い、尊重して、対話をつくっていくことが必要であり、そのことが求められている。

また、人間と自然との関係においても同じことが言えよう。神はこの世界を「耕し、守る」ように人間に命じられている。私たち人間が自分の利益のためにこれを単に利用し、恣《ほしいまま》にするのであれば、自然は「のろい」のもとにもはや実りをもたらさないものとなっていくだろう。そのような深刻な課題のなかで、神のつくられた自然との関係を対話的なものとしていくことは、これからの世界を考えていくうえで、極めて重要な視点だと言わなければならない。

⑶平和と世界・いのちを守る

最後に、福音宣教の課題が、平和のための取り組みであることを憶えたい。それは、二〇一七年十一月二十三日に、日本カトリック司教協議会と日本福音ルーテル教会が長崎の浦上において共同主催でおこなった宗教改革五〇〇年の共同記念の企画の総合テーマが「平和を実現する人は幸い」であったことからも確認される。

もちろん、平和を実現することとは、マタイによる福音書の5章にあるキリストのことばによって、私たちに求められ、命じられていることである。そして、先ほども触れたように、現代世界の苦悩を考えるならば、最優先で取り組まれるべき課題なのだ。しかし、それが目指すのは、単に、戦争の無い世界ということではない。本当に人間のいのちと尊厳が守られること、また他の被造物も含めて神の祝福に満たされた世界を実現することである。私たちはこの課題に取り組まなければならないし、おそらく、その時私たちはキリスト教の教派を超えるばかりではなく、宗教の枠組みさえも超えて協働していく地平を見出すことになるだろう。

いま、日本がカトリックもルーテルも共同して礼拝に与り、祈っていくとすれば、先程述べてきた課題に取り組むことを外すことはできないし、また、このテーマについて世界に発信していく責務を担うだろう。最初に触れた、二〇一六年のルンドでの共同声明では、カトリック教会とルーテル教会とが、「共に奉仕の務めに立って、特に貧しい人々のために、人間の尊厳と権利とを高め、正義のために働き、あらゆる形の暴力を斥けることにおいて共に奉仕に当たることができるよう、霊の導きと勇気と力とを神に祈」るとしている。これは両教会の交わりが自分たちのためばかりではなく、現代の世界における宣教の責務にしっかりと目を向けているということを表しているのに他ならない。

さらに声明は続けて「尊厳、正義、平和、和解を切に求めているすべての人々に私たちが近づくよう」、神が求めておられるのだと述べる。つまり、教会は遠くから祈っていますよ、とただ言うのではなく、具体的に関わっていく姿勢を明らかにしている。なぜなら、主イエス・キリストがそのように働かれていることを聖書が証ししており、キリストの体である教会は当然その働きに参与するものであるからだ。

この共同声明に呼応するように、私たち日本の共同記念の取り組みは「平和」の問題を取り上げているのだが、実際には日本の準備委員会は共同声明よりも前にこのテーマを決めていた。今、私たち日本のキリスト者として、カトリックとルーテルとが共同で礼拝をするとしたら、それは世界に向けて一つのメッセージを示すことになるし、また、そうでなければならないと考えていたからだ。日本は唯一の戦争被爆国だ。しかも、三・一一以後のフクシマの課題も抱えている。そう思った時、準備委員会はこのアジアの小さな国で宗教改革五〇〇年の記念の時を、平和への祈りとして明日の世界への教会の使命を確認していくものとしておこなおうと決めたのだった。

場所は、長崎の浦上天主堂。被爆の場所であり、キリシタン迫害の経験もまた刻まれている。奇しくも二〇一七年は、浦上四番崩れ一五〇年の記念の年でもあった。その歴史を見るならば人間の権力が貧しい者や弱い者たちを支配し、そのいのちや尊厳を奪い取っていく現実を知らされる。一七七〇年からはじまり一八六七年まで、四度繰り返された迫害の中、浦上の信徒たちはなお信仰を守り、祈りと希望を掲げてきた。最後の崩れの時も、その六年後迫害の歴史は終わって、流刑にあった信徒たちは浦上に戻り天主堂を建て、信仰の交わりを回復していったのである。その歴史の上に原爆が落とされたわけだが、それでも破棄された天主堂を立て直し、以後、平和を願い祈りつづけてきたのが浦上の信仰なのである。この浦上で、宗教改革五〇〇年の記念の企画がおこなわれることとなった。カトリック教会とルーテル教会の和解という出来事が、単に両教会のことがらなのではなく、この世界の平和への使命を受け取り、またそのための祈りに連なるものであることを示すことになったといってよいだろう。

宗教改革を記念するとか、ルターを学ぶというのが、単に過去のことをありがたがることであってはならない。むしろ、歴史の中で信仰の格闘がどのようなものであったのか、何を求めていたのか、そのことに深く学びつつ、自分たちの時代、その世界の問題に責任をもって働いていくことが必要なのだ。

その意味で、今回の講習会で、貴重な時間をいただいたこと、また皆さんと一緒にここで学びをさせていただいたことを本当に心から感謝して、終わりとしたい。

和解をもたらす福音――ヨセフと兄弟たちの物語を読む

佐久間　勤

「分裂のあるところに一致を」というアッシジのフランシスコの祈りの一節は、宗教改革五〇〇年を迎える今、改めて切実に響く。一旦分裂したものが一致するには和解が不可欠である。神との和解、人間同士の和解、自然との和解――教皇フランシスコが回勅『ラウダート・シ』で勧告したとおり、いまや和解は私たちキリスト者が担うべき使命を表すキーワードになっている。しかし、「主における兄弟」（第二ヴァチカン公会議『エキュメニズムに関する教令』第3）が分裂している現状は、そもそもすべてを和解させる福音（Ⅱコリント5・18参照）を受け入れるべきなのは他ならぬ私たち自身だということを示している。聖書の中で和解をテーマとする最も大規模な物語であるヨセフとその兄弟たちの物語（創世記37―45章）を読み、和解の実現に必要な条件についてのヒントを探すことにしよう。

1　ヨセフとその兄弟たちの物語について

⑴創世記の文脈の中で

兄弟対立のテーマ

天地創造に始まりイスラエルの先祖たちの物語で終わる創世記は、全人類共通の起源（1章から11・26）とアブラハムに始まるイスラエルの起源（11・27以下）に関わる部分に分けられるが、その両者ともに、兄弟の対立を物語るエピソードが目を引く。まず前者において、最初の兄弟カインとアベルの対立は殺害という決定的な分裂に終わり、暴力を抑えようとして暴力を用いるという悪循環がカインの子孫を支配する（4章）。洪水の後再出発した人類の現実は、ノアの息子たち、セム、ハム（カナン）とヤフェトのエピソードで物語られるが、そこでは、兄弟が他の兄弟を奴隷にするという歪んだ関係（9・18―27）の起源として父と子の関係の問題が物語られる。バベルの塔の物語（11・1―9）では、これらの兄弟殺しと奴隷制という傷ついた兄弟関係を内包する人類が、天に届く塔を建設して神に等しくなろうとする。兄弟関係の歪みは神と人との関係も害することが暗示されているのである。それらは、人類全体が神に創造されたときの本来の姿を回復するためには「兄弟の和解」を必要としていることを私たちに考えさせる。

イスラエルの先祖の物語も同じテーマで繋がる。アブラハムの二人の息子イシュマエルとイサクには、共にアブラハムが神から受けた祝福が（それぞれの仕方で）約束されるが（16・10、21・13）、同時に敵対関係も予告される（21・12、21・18）。当面の解決は、分かれて住むことであった（16・20―21）。イサクの二人の息子は双生児であった。欺かれて長子の権利を奪われたエサウはヤコブを殺害しようとする程に怒ったが、最終的には二人が分かれて住むことで一応平和な関係が実現した（33・16―17）。しかしエサウの子孫エドム人とイスラエル人との対立は解消されずその後も続き、バビロン捕囚のときエドム人はユダに敵対した（エゼキエル書35・5、オバデヤ書、詩編137・7）。

このように、連帯する家族としての共同体（創世記2・23）は、兄弟の対立によって傷つけられる。とは言え、アブラハムの子孫においては、対立だけに終わらず和解への一歩も物語られる。それがヨセフと兄弟たちの和解の物語である（創世記37―45章）。こうしてアブラハムの子孫は和解という全人類の希望のモデルとなる。アブラハムが神から受けた約束の言葉にあるとおり、彼らは全人類にとって祝福の源である（12・2）。

父が対立の原因となる

父と息子の関係も、もう一つの重要なモチーフである。まず、全人類共通の起源物語においては、アダムとその息子たちの関係は直接物語られないが、父アダムの地位を継ぐべきカインがその兄弟アベルと正しい関係を結べなかったことに（神に対するカインの弁解「私は兄弟の番人だろうか」［4・9］参照）、父の役割の問題が暗示される。またセム・ハム・ヤフェトという三人の兄弟の間に主人・奴隷の関係が生じたのは、父ノアが泥酔して判断力を失ったためであった（9・21）。他方アブラハムとその子孫においては、イサクがエサウを偏愛し、ヤコブがヨセフを同じく偏愛したために対立が生じた。さらに遡れば、人類の中でアブラハムだけが神に「偏愛」されたのはなぜかという謎もある。これらは兄弟間の対立が、「愛情」という理屈では割り切れないものが原因となって生じるために、合理的に解決できるようなものではないことも暗示している。しかし兄弟間の対立を解決しない限り、人類そして神の民はふさわしい仕方で存続できない。それほどに重要な問題なのである。

(2)ヨセフ物語の構成

系図の枠

ヨセフ物語では系図の定型表現を枠として、父ヤコブを頭とする「父の家」でのできごとが物語られる。その初めには「これらはヤコブの系図である」（37・2、私訳。新共同訳は「ヤコブの家族の由来」と訳出）という定型表現が置かれ、その終わりではヤコブの死・埋葬とそれに関連するできごと、そしてヨセフの死・埋葬が物語られる（ヤコブの遺言［47・27―31］、ヤコブがマナセとエフライムを自分の子として祝福［48章］、ヤコブが十二人を祝福［49・1―28］、ヤコブの死［49・29―33］、ヤコブの埋葬［50・1―14］、ヤコブの死後における赦しの確認［50・15―21］、ヨセフの死［50・22―26］）。

ヨセフと兄弟たちの物語

ヨセフと兄弟たちの関係が主題となるのは二つの部分である。その第一は、ヤコブのヨセフへの偏愛、ヨセフの見た夢、そして兄弟たちの殺意とヨセフが奴隷として売られたことが物語られる、ヨセフ物語全体の序（37章）である。また第二は、エジプトでのヨセフと兄弟たちの再会から和解まで（42―45章）である。この部分については以下で改めて論じることにする。

他方、ヨセフが父ヤコブと兄弟たちから離れ、一人エジプトにいるときの物語（38―41章）では、ヨセフの性格付け（Characterization）が主要なテーマである。奴隷としても囚人としても、「主が共にいる」ヨセフは何事においても成功する（39・1―6、21―23、41・38―39）。ポティファルの奴隷であったとき主人の妻から誘惑を受けたが、神を畏れるがゆえに罪を犯さないときっぱりと拒絶したため（39・8―9）、濡れ衣を着せられ死刑の危険に晒される。しかし不思議に死から逃れる（39・19―20）。これによって読者は、ヨセフの信仰と倫理の高さを知る。囚人としてのヨセフは、王の役人二人が見た夢を解き明かし（40章）、ファラオが見た二つの夢を正しく解釈し（41章）、こうして読者はヨセフの知恵に感嘆する。

創世記38章は解釈の鍵

この文脈の中で、ユダとタマルの結婚物語（38章）は異質に見えるが、特定の役割を担っている。すなわち38章はヨセフから離れてユダに焦点をあて、ヨセフにまつわる動きをその間停止させることにある。つまり「遅延」の手法によって、ヨセフがエジプトに売られてからポティファルの家で奴隷として成功するまでの間、幼さの残るヨセフが立派な人間に成長するまでの時間の経過を読者に読み取らせる。しかしそれだけでなく、この章はヨセフ物語の解釈の方向性を読者に示すという役割をも担っている。ヨセフ物語を貫く「知恵」のテーマは、38章と39章に登場する二人の女性に体現されている。ユダに「わたしよりも彼女の方が正しい」と言わせているとおり（38・26）、タマルは危機を克服するために奇抜ではあるが知恵ある道を選んだ。他方ポティファルの妻は、自分の歪んだ欲望からヨセフを支配するために、あらゆる手段を用いてヨセフが罪人であると人々に信じ込ませようとし、それに成功する。タマルが知恵のシンボルであれば、ポティファルの妻は反・知恵のシンボルである。ヨセフは兄弟との和解に際して、正しく知恵を用い、兄弟たちから受けた被害を神の計画という広い視野から解釈する。「わたしはあなたたちがエジプトへ売った弟のヨセフです。しかし、今は、わたしをここへ売ったことを悔やんだり、責め合ったりする必要はありません。命を救うために、神がわたしをあなたたちより先にお遣わしになったのです」（45・4－5）。つまり、38章と39章は知恵について物語ることで、和解のために知恵が必要であることを暗示している。

さらに38章と39章ではそれぞれ、ユダとタマルの間の結婚とヨセフとポティファルの妻との間の道ならぬ関係、いわば「反・結婚」――ヨセフはそれを拒絶したのだが――が物語られ、結婚が共通のモチーフとなっている。結婚は父の家の存続を左右する重要なできごとである。38章でタマルはユダの息子たちと相次いで結婚するが、すぐに死別することになる。義父ユダは一人残った末の息子をタマルと結婚させようとしなかった。それでタマルは一計を案じてユダと結婚する。この結婚はユダの子孫、しかもダビデにつながる子孫を左右する重要な結婚であり、タマルの知恵ある行動により、ユダを祖とする「父の家」が存続できたのであった。他方39章では、ヨセフがポティファルの妻との結婚を拒絶したことにより、その後のできごとの展開への扉が開かれ、ヨセフが兄弟たちと和解しヤコブを祖とする「父の家」が継続される。そこから後にイスラエル十二部族が生まれる。

このように、ヨセフと兄弟たちの物語にユダとタマルのエピソード（38章）を挿入することで物語の語り手は読者に、「知恵」が「父の家」の存続をもたらすというヨセフ物語の主要テーマを知らせる。

2 対立から和解への道

(1)兄弟対立の原因

ヨセフと兄弟たちの対立には父ヤコブのヨセフへの特別な愛情が関わっている。ヨセフはヤコブにとって恋妻ラケルが産んだ二人の息子のうちの長男であり、年を取ってから生まれた息子であったので、他の兄弟とは異なる扱いをした。兄弟は皆父ヤコブの仕事である「羊飼い」の仕事に従事する平等な立場にあった。それなのにヤコブは、ヨセフが長男ではないにもかかわらず、特別な服を着せた(37・3)。後にファラオがヨセフをエジプトの統治者と定めたときにも衣服がシンボルとなる(41・42)。そのことを考慮すれば、ヨセフの特別な服が兄弟たちにとっては、兄弟を出し抜いて兄弟たちの上に立つ特別な地位を表すものと見えたとしても当然である。だからヨセフを憎む。ヨセフに向けられる他の兄弟たちの感情、そしてその原因である父ヤコブの偏愛という感情がヨセフと他の兄弟を対立させる。

だがヤコブの偏愛という兄弟対立の原因に、もう一つの原因が加わり、事態を複雑にする。すなわち、ヨセフが兄弟たちに語った夢はヨセフが父の家を治める者となる、という将来を予告するものであり、しかも二度同様の夢が繰り返されることで、それが必ず実現することが暗示される(37・5—8、9—11。ヨセフがファラオに語った言葉[41・25、32]と比較せよ)。夢は神の意志を人間に伝える手段であるから、これらの夢によってヨセフが頭《かしら》となることが神の望みであることも暗示される。父ヤコブの場合は母リベカへの神の託宣によって主の意志が伝えられたが（25・23）、ヨセフの場合はヨセフ自身の口から夢について聞くので、そこにはヨセフの主観が挟まっているのではという疑いの余地がある。実際兄弟たちは、夢の客観性には目もくれず、憎しみの感情を優先させている。

しかもこの時点でのヨセフは、自分の立場をわきまえない軽率な若者であり、父との特別な関係をいいことに兄弟たちの悪口を父に聞かせる（37・2）。ヨセフの未熟さも対立を生む原因の一つとなっているのである。ヨセフは自分の見た夢の内容を語るだけで、解釈はしない。ヨセフが自分の夢を正しく解くことができるようになるまで、ヨセフ自身の成長を待たねばならなかったのである。

神の望む将来が夢を通して客観的に示されているにもかかわらず、父ヤコブと兄弟たちは感情に振り回され、夢を正しく理解できないでいる。神が計画する客観的世界を人間の感情的世界が混乱させる。こうして、兄弟たちが「夢がどうなるか、見てやろう」（37・20）と言うとき、読者は彼らと同じ関心を共有し、物語の展開に興味をもつことになる。

⑵和解への道

兄弟たちがエジプトに食糧を買いに来て、ヨセフと知らずヨセフと再会するまでに（42章）、ヨセフ自身は大きく成長し、エジプトの統治者となるまでに至った。ヨセフが支配者となるという夢（37章）はエジプトの支配者となることによって実現したのか。それともさらなる展開があるのか――読者の関心はヤコブと兄弟たちとヨセフの関係へと移る。

ヨセフの選択可能性

　ヨセフが兄弟たちと再会したとき、ヨセフが取り得る選択には二つの可能性があった。和解せず、自分が兄弟ヨセフであることを明かさず、そのまま別れるという可能性と、もう一つは、和解し、自分が誰であるかを知らせ、共に生きるという可能性である。

　ヨセフにとって和解しないという選択も大いにあり得ることであった。エジプトに下ってきた兄弟たちの間に「最も小さい兄弟」ベニヤミンが居なかったのを見て、兄弟たちが自分にしたのと同じようにベニヤミンを排除したのではと疑い、厳しい尋問にかこつけて家族とくに兄弟関係についての自白を引き出す（42・13）。二度目のエジプト下りでは、ベニヤミンを自分の手元に残して保護しようとする（44・17）。どちらにおいても兄弟たちが、かつてヨセフにしたのと同じことをベニヤミンにもするとの危険を察知すれば、ヨセフは和解しないつもりであった。

　和解しないという選択の可能性をヨセフは想定していた。それは、兄弟たちがエジプトにやって来る直前の場面で物語られた、ファラオがヨセフに新しい身分と名前とエジプト人の妻を与えたこと（41・41―45）、そしてヨセフがその二人の子どもたちに「名前」を与えたこと（41・50―52）から推定される。まず前者について、ファラオはヨセフに新しい服を着せ、エジプト人アセナトと結婚させ、ツァフェナト・パネアというエジプト名を与える（41・42、45）。これは新しいアイデンティティーを与えられたことを意味するが、単に外的な変化ではなく、ヨセフの生そのものが新たにされたこと、つまりヤコブの息子ヨセフは一度「死んで」、エジプト人として再生したことを意味している。ヨセフは兄弟から殺されそうになり「穴」に投げ込まれる（37章）。穴は「墓」としても用いられる場所である。穴から引き出されても「奴隷」にさせられ（38章）、さらに「監獄」という地下の闇の世界へと下る。そこで二人の高官が見た夢を解き明かしたが、ヨセフの願いにもかかわらず、出獄した高官はヨセフのことを「忘れ去る」（40・23）。人の記憶から消え去るとき、死者の死はほんとうの死となる。この高官がヨセフを思い出し夢を解く者としてファラオに推薦したとき、つまり記憶の中に蘇ったとき、ヨセフの新しい生活が始まる（41・9―14）。このようにヨセフは一度死んで新たに生きるようになったのである。

もう一つ、ヨセフの二人の息子に名前を付ける場面からも、ヨセフの考えが読み取れる。すなわち、エジプト人としてのアイデンティティーを完全に獲得したヨセフは、そのままヤコブの家を忘れることもできた。先述したようにヨセフがエジプトで生まれた二人の息子に付けた名前である「マナセ（忘れさせる）」と「エフライム（増やす）」（41・50―52）がそれを物語っている。「忘れる」、つまりヤコブ（別名、イスラエル）の息子というアイデンティティーを捨て、「増える」、つまりアブラハムやヤコブが受けた祝福（13・16、15・5、22・17、28・4、35・11）をエジプトというイスラエルから切り離されたところで実現させる、という可能性をヨセフは見ていたのである。

これら二つの、名前にまつわる場面から、読者は、ヨセフが父の家を捨て、エジプト人として新たに生きることを選ぶのではないか、と怖れる。そして、ヨセフの選択がイスラエルの未来を決定付ける決定的な選択であることを理解するのである。

兄弟たち側の変化

兄弟たちの変化は、ヨセフへの態度、父との関係、神との関係に現れる。初め、兄弟たちはヨセフの叫び声に耳を閉ざし（この事はかってのヨセフを思い出した時に兄弟たちの口に上る。42・21―22参照）、父ヤコブに対しては血塗られたヨセフの着物を見せるだけで、ヨセフは死んだと虚偽を信じ込ませる（37・31―35）。

ヨセフを殺そうと企んだとき（37・19）、それに反対する者もいた。その一人ルベンはピエロの役割を演じる。つまり、ヨセフ殺害に同意したように見せかけて救おうとするが、失敗する（37・21―22、29―30）。他方ユダは、ヨセフを売って利益を得ようとするが、ミディアン人が横取りしてイシュマエル人に売り払ったので失敗に終わる。兄弟たちの悪意、愚かさ、冷酷さが現れている。やがてこの兄弟たちが変化する。

第一の旅で、エジプトの統治者からスパイ容疑をかけられるという苦難に遭遇したとき、兄弟たちはヨセフの存在に間接的に触れなくてはならなくなる。つまり「一人の男の十二人の息子」、「ベニヤミンともう一人」（42・13、私訳）という表現で、ヨセフが兄弟の一人であったことを自ら認めさせられる。

さらに、シメオンを人質に残して家に帰り、ベニヤミンを連れてくるように要求されたとき、兄弟の一人しかも下の弟を切り捨てた過去が兄弟たちの記憶にもどってくる。そしてできごとを、かつてヨセフを苦しめたことの「報い」と解釈するに至る（42・21）。ここで兄弟たちはヨセフを、初めて「私たちの兄弟」と表現している。

その上、カナンに帰る旅の途中、エジプトで購入した食糧の袋に銀が入っているのを発見して驚き、兄弟たちは初めて「神」に言及する（42・28）。

こうして、兄弟を兄弟と認めることは神を認めることへと繋がっている。

父との関係にも変化が現れる。つまり兄弟たちは帰国後父ヤコブに、エジプトでのできごとを偽らずに報告する（42・30—34を42・6—20と比較せよ）。かつてヨセフについて虚偽を信じ込ませたのとは対照的である。兄弟関係が改善へと向かうとき、父子の関係も真実に基づくものへと改まるのである。

連帯する兄弟へと変化

ベニヤミンをエジプトに連れて行かなければ再び食糧を買いに行くこともシメオンを取り戻すこともできないという状況の中で、ヤコブの息子たちが連帯する兄弟へと変化したことが見える形で現れる。ここでもルベンとユダは対照的な行動を取る。それによってそれぞれが異なる価値観を代表する典型となる。ルベンは再びピエロの役割を演じ、ユダとの対比に読者の関心を引くように物語られる。「ヨセフを失い、シメオンを失った上にベニヤミンを取り上げられるのか」と嘆く父ヤコブを説得するため、ルベンは自分の二人の息子のいのちで償うと言うが、ヤコブは同意しない（42・37—38）。ルベンは「目には目」という算術的な平等の原則に従って、父が失うものと同じものを自分も失うという罰則を盾に、ベニヤミンの無事の帰還を保証しようとする。しかし、一見合理的に思えるこの平等原理に基づく提言は、ルベンが父ヤコブの悲しみをどれ程感じ取っていたのかという疑問を読者に与える。ルベンの「犠牲」はルベン自身に触れるものではないからだ。

他方のユダは、ヤコブに対し「自分が生涯罪を負う」と言い（43・8—10）、それを聞いたヤコブはベニヤミンを行かせることに同意する（43・11―14）。この時点で「生涯罪を負う」とは何を意味するのかは明らかにされていないが、ユダが自分自身を差し出して父に対して責任を負うと明言したことが、父ヤコブの心を動かしたのであった。その点がルベンの提言とは異なっている。

ユダが表明したこの「最も小さな兄弟」への連帯の決意は、エジプトでの苦難の場面で具体的な行動となって発揮される。兄弟たちが食糧を購入しカナンに帰るときに、ヨセフは銀の杯をベニヤミンの袋に潜ませておいた（44・1―2）。その杯が発見されたベニヤミンに盗みの咎めが降りかかり、兄弟たちは一人ベニヤミンのみが罪人として奴隷にされるという危機に陥った（44・10）。ユダはこれを兄弟全員の連帯責任として、皆が奴隷となることを申し出る（44・16）。兄弟たちと神との関係は、最初に神に言及したとき（42・28）よりもさらに深まっている。というのは、「神が罪を暴かれたのです」と、神の権威を認める発言をしているからである。

それに続く場面で、ベニヤミン一人が残されると決まったとき、ユダは自分が身代わりとなることを提案する（44・33）。こうして父ヤコブの悲嘆を避けるため「生涯罪を負う」と父に誓った責任を、具体的に実行する（44・32）。このときのユダの発言の中で、ヨセフは「彼の兄弟」であるとされている。つまり、ベニヤミンと母を同じくする兄弟であり、ベニヤミンと同様に父ヤコブが特別愛した子であること（44・20）をユダは認めたのである。

こうして兄弟たちのヨセフに対する態度が変化したことが現れる。兄弟たちは、できごとに関しては虚偽から真実へ、また父ヤコブとベニヤミン（同時にヨセフ）の関係に関しては、妬みから思いやりへと変化している。

父ヤコブの変化

息子たちの一人に対する偏愛によって対立の原因を作った父ヤコブにも変化がみられる。当初ヤコブはベニヤミンを同行させることを拒絶し（42・38）、飢饉という生存の危機を解決するよりもベニヤミンへの愛情を優先させた。しかしユダの説得に促され、ベニヤミンを同行させることを受け入れる。そこでヤコブは「全能の神」（エル・シャッダイ）に言及し、シメオンとベニヤミンの無事を祈る（43・14）。神の祝福を仲介して家族の存続を保証することは「父の家」の頭であるヤコブの本来の責任であることを考えれば、ヤコブが感情に振り回される状態から冷静になり、状況を客観視することができるまでに変化したことが、この発言に現れていると言える。

ヤコブの発言にある「もう一人のあなたたちの兄弟と、ベニヤミンを返してくださいますように」（43・14、私訳）という願いを、その直前の「彼の兄弟は死んでしまい、残っているのは、彼だけだ」（42・38、私訳）という感情的な嘆きと比較すると、そこにアイロニーが存在することが分かる。つまり、「もう一人のあなたたちの兄弟」は、直接にはシメオンを指しているが、実は死んだと思っていたヨセフのことも指していた、と後になって分かる（45・28）。不可能と思われた言葉が実は真実を言っていた、という「ドラマ的アイロニー」である（同様のアイロニーは、アブラハムが僕《しもべ》たちに「あそこで礼拝して、私たちは帰ってくる」と告げた言葉にも存在する［22・5］）。

ヨセフの変化

ヨセフの内心の思いを知る手掛かりは（兄弟たちのそれと比較して）非常に限られている。ヨセフの発言は直接引用のスタイルによっているが簡潔なスタイルでむしろ素っ気ないものである。そこでは、発言に籠められたヨセフの意図はほとんど説明されず、読者の推測に委ねられている。またヨセフの感情が表現されることも稀であり、ヨセフが「泣いた」と物語られる場合も、その理由は詳しくは説明されない（42・24、43・30、45・2）。兄弟たちと和解し、自分がヨセフであると知らせた後になってようやく、ヨセフは自らの内心の思いや感情を直接表現するようになる。

ヨセフが兄弟から離れてから再会するまでの物語は、ヨセフ自身の変化ないし成長を物語るものである。物語の初めのヨセフは、父ヤコブから特別愛されていることを、兄弟たちに対する優位として利用し、告げ口するという軽率な若者であった。しかし前述したように、時の経過のうちに（つまり38章のユダとタマルの物語の間に）ヨセフは成長したようである。ヨセフがポティファルの妻に向かって、神を畏れるべきだという倫理的原則を述べるところでは（39・8—9）、ヨセフの信仰の深さと倫理の高潔さが表現される。またファラオの高官たちが見た夢、そしてファラオ自身が見た夢を解くことにより、ヨセフが神的智恵の所有者であることが明らかにされる。さらに、それに加えて、「夢を解くことは神のなさること」（40・8、41・16）という発言にあるとおり、ヨセフが神の権威を認める謙遜な人間性の持ち主であることが示される。その他にもヨセフは「神を畏れる者である」と兄弟たちに言い（42・18）、ヨセフの執事もファラオも「神」に言及する（41・38、39、43・23）。つまりヨセフ、そしてヨセフの周囲にいる人々も同様に、神を重んじて行動する円熟した人間であること、そして、ヨセフが兄弟たちと和解するか否かも感情に左右されずに決断する客観的で敬虔な人間となっていることが読者に伝わる。

確かにヨセフは兄弟たちに殺されそうになり、奴隷として売られるという暴力の被害者であったが、その過去の罪に対して憎しみの感情から報復しようとはしない。和解の場面でのヨセフは、すべてを客観的に「神の計画」として理解できるようになっていた。「わたしをここへ売ったことを悔やんだり、責め合ったりする必要はありません。命を救うために、神がわたしをあなたたちより先にお遣わしになったのです」（45・5）。

3　ヨセフが和解を決意した理由

ここまで見てきたのは、兄弟たち、父ヤコブ、そしてヨセフそれぞれが変化し、和解できるための条件が整ってきている、ということであった。それぞれが、感情に翻弄されたり短慮さから行動することなくものごとを客観視できるようになり、過去の誤りに気付き、ものごとを神との関係の中で見ることができるようになった。こうして和解のための条件は整ったのだが、ヨセフと兄弟たちとを隔てる壁を突き破る最後の契機は何であったのだろうか。ユダの嘆願の言葉を中心にして、ヨセフが和解を決意した直接の理由を分析し、何が対立を克服させ和解を実現させるのかを考えよう。

(1)最も小さな兄弟との連帯

ヨセフが確認した兄弟たちの変化は、「最も小さな兄弟との連帯」、「父の愛の受容」という二つのキーワードでまとめられる。37章で別れてから42章で再会するまで、専らヨセフの変化が物語られ、兄弟たちの側に起こったであろう変化は全く言及されない。兄弟たちの変化は、むしろエジプトでヨセフに再会した後のできごとから読み取れるように物語は構成されている。こうして読者は、ヨセフの立場から兄弟たちを見つめ、兄弟たちの変化をヨセフと同じように発見することになる。

最も小さな兄弟に関する試み

ヨセフが兄弟に課したいくつかの「試み」には共通のテーマがある。それは、兄弟たちが誰か一人だけをエジプトに残して去るかどうかということである。自分たちの利益のために一人の兄弟を犠牲にして顧みないとすれば、かつてヨセフを家族から捨て去ったときと何ら変わっていないことになる。試練を課すことでヨセフは、兄弟たちがこの点で変化したのかどうかを自ら確かめることができる。

ヨセフが課した第一の試みは、ベニヤミンを連れてエジプトに再度来るまで、シメオンを人質にする、というものであった(42・19—24)。シメオンとは「聞く」(シャーマァ)に由来する名前である。シメオンを選んだのはヨセフから兄弟たちへのメッセージであろう。つまり兄弟たちは自分たちの言葉がこの外国人(つまりヨセフ)には通じていないと思い、互いに過去の罪を素直に認める。そこでヨセフはシメオンを人質として選び、兄弟たちの罪の告白をわたしは「聞いた」と暗に伝えようとしたのであろう。

ヨセフと兄弟との二度目の会見は友好的であった（43・18―34）。ヨセフはベニヤミンを見て感激し、特別に篤く待遇する。ヨセフが兄弟たちの長幼の順を知っているので、兄弟たちは驚き顔を見合わせる（43・33）。序列に注目が集まったところでヨセフは末の弟ベニヤミンを他の兄弟たちよりはるかに厚遇し、かつて自分自身が兄弟たちの中でそのように父から特別扱いされたことをベニヤミンにおいても再現する。この扱いに兄弟たちがどう反応したかは物語られず、和やかな宴会の雰囲気で終わり（43・34）、試練であることはしばし物語の表面から隠されるが、その直後にヨセフが第二の試みを課すときに雰囲気は一転する。盗みの罪を問われ兄弟たちに大迷惑をかける末の弟ベニヤミンに対して兄弟たちがどのような態度を取るのか。読者は兄弟たちと同様の緊張を感じながら、じっと物語の展開を見つめることになる。

兄弟の中で最も序列の低い者でありながら特別扱いされる者に対して、他の兄弟たちはどう振る舞うのか。かつて父に告げ口する厄介者であり、かつ、父から偏愛されているヨセフを憎み、妬んで殺そうとしたように、ベニヤミンをも扱うのだろうか。兄弟たちがそうするようであれば、ベニヤミンを兄弟たちから切り離す、というのがヨセフが課した試みの目的であった。つまり「私の兄弟であるこの最も小さい者」（マタイ25・40）への連帯をヨセフは問うたのである。

ヨセフの関心が末の弟ベニヤミンにあることは、第二回のエジプトへの旅でヨセフの家で会食した場面で明らかにされる（43・33―34）。長幼の序列によって長男が他よりも尊重されるというのが常識であるが、ヨセフは常識に反する扱いをすることにより、直後に課す第二の試みに遭うとき兄弟たちが末の弟であるベニヤミンをどう扱うかを試すという意図を、無言の内に兄弟たちに知らせたのである。

「罪人」である最も小さな兄弟に関する試み

第二の試みは、ベニヤミンに罪の濡れ衣を着せ、他の兄弟たちの反応を見る、というものであった(44・1—5)。ヨセフはポティファルの妻の悪巧みによって濡れ衣を着せられるという経験をしている(39・7—20)。しかしそのような背景を知るよしもない兄弟たちにとっては、銀の杯がベニヤミンの袋で見つかったという事実をベニヤミンの罪の動かしがたい証拠として受け取るほかなかった。この悲劇に兄弟たちはどう反応すればよいのだろうか。ヨセフが兄弟たちに命じたように(44・17)、ベニヤミンを罪人として切り捨ててエジプトに残し、無罪の自分たちは故郷に帰るのか。しかし兄弟たちは罪のゆえに苦難に陥った最も小さい兄弟に連帯する。「神が僕《しもべ》の罪を暴かれたのです。この上は、わたしどもも、杯が見つかった者と共に、御主君の奴隷となります」(44・16)。読者は濡れ衣であることを知っているが、兄弟たちはそれを知らない。言い換えれば、この事態が試練であって、ヨセフは無実の人間を有罪としようとしているのではなく、兄弟たちがどう反応するかを見ようとしているに過ぎない、ということを読者は知っている。しかし兄弟たちには試練であることは知らされていない。動かぬ証拠によってベニヤミンの罪が暴露されたと思われる状況では、兄弟たちがこの末の弟を見捨てるのも正義に適うと考えたとしても無理はなかったはずである。末っ子であり父に偏愛されるばかりでなく、罪まで犯して他の兄弟たちに迷惑をかけるこんな弟は兄弟でも何でもない、と考えるとしても……。しかし兄弟たちは、この最年少であるばかりでなく罪人でさえもあるベニヤミンに兄弟として連帯する。この選択肢を選ぶことによってヨセフが課した試練に兄弟たちは無事合格する。

ユダが兄弟たちを代表してヨセフに訴える言葉に言い表される連帯の動機がヨセフの心を強く打ち、ついにヨセフは自分が兄弟であることを明かす（45・3）。

⑵父の愛を受容

ヨセフに兄弟たちとの和解を決意させたのはユダの嘆願の言葉（44・18―34）であった。ユダは過去の経緯を回想して物語る。回想の中に過去のできごとがよみがえり、ユダの解釈によってその意味が開示される。最近のできごとを思い起こして語る言葉に、かつて兄弟たちがヨセフに対しておこなった悪も浮かび上がる。しかしユダは決して過去をそのままに回想しているのではない。多くの事を省略し、できごとが起こった順序までも変更して、ただ一つの点、つまり、父ヤコブのベニヤミンへの愛の深さに集中して、物語る。

回想の中で、ユダは父ヤコブがベニヤミンに強く結ばれていることに言及する。「（私たちは）私の主人に、『その少年は、彼の父を離れることはできません。もしも彼が離れるなら、彼は死んでしまいます』と言いました」（44・22、私訳）。「すると、あなたの僕《しもべ》である私の父は私たちに『他ならぬあなたたちが知っている。私の妻は私のために二人を産んだ、ということを。ところが、そのうちの一人は私のところから出た。きっと喰われたと（私は）思った。これまで（私は）彼を見ない。それなのに、（あなたたちは）これをも、私から取って、災いが彼を呼ぶなら、（あなたたちは）私の白髪を悪の中でシェオル（陰府）へ下らせる』と言いました」（44・27―29、私訳）。

さらに、ユダ自身の考えをヨセフに伝える中で、父の末の兄弟に対する愛を、自らの言葉遣いで表現する。「そして今、私があなたの僕《しもべ》である私の父の方へ来るとき、しかもその少年が私たちと共にいないなら、彼のネフェシュ（いのち）は彼のネフェシュ（いのち）に結ばれていますから、その少年がいないのを見るとき、（彼は）死ぬでしょう。そして、あなたの僕《しもべ》たちはあなたの僕《しもべ》である私の父の白髪を、悲嘆のうちにシェオル（陰府）へ下らせることになります」（44・30―31、私訳）。

このように父への愛情の篤さを合計三回繰り返されて、最も小さい兄弟への父の愛という不可解ではあるが動かせない事実をユダが重く受け止め、父の悲しみを見たくないがゆえに、ベニヤミンのいのちに代えて自分自身を差し出すという決意をしたことが強調されている。ユダの嘆願においては、できごとを正確に再現することは重要ではなく、ベニヤミンへの愛、そしてそれが回想させるところのヨセフへの愛を尊重するという決意を伝えることが唯一の意図である。「実に、どうして（私は）私の父のもとへ上ることができましょうか。しかもその少年は私と共にいない（というのに）。私の父を見いだすところの悪の中に（私は）見ることがないように」（44・34、私訳）。

ヨセフにとってのアイロニー

父ヤコブを悲しませないために、ベニヤミンを故郷に帰すよう願う——ユダのこの願いはヨセフ自身が問われている決断でもある。兄弟たちの態度如何によっては、ヨセフ自身が仕組んだ盗みの濡れ衣を口実にベニヤミンをエジプトに残し、兄弟たちを故郷に帰すことを選択する決意がヨセフにあった。しかしユダの発言を聞くヨセフには——ユダ自身は気付かなかったであろうが——ユダの意図とは異なる意味が聞き取れたであろう。すなわち、ベニヤミンをエジプトに残すとすれば、父ヤコブを悲しませるのは、今度は兄弟たちではなくヨセフ自身だ、とヨセフには聞こえたはずである。というのは、ユダが自らを犠牲にしても父の愛への責任を果たそうとする態度は、ヨセフにも同じようにせよという呼びかけになるからである。こうして、試される者（ユダ）が試す者となり、試す者（ヨセフ）が試される者となる、というアイロニーが作られる。ヨセフもユダも、父ヤコブの愛を何よりも、そして自分自身よりも優先するということで一致したのである。こうして兄弟は対立を越えて、同じ価値を追求する者として一つになる。ヨセフと兄弟たちの分裂の原因が父ヤコブの偏愛であったのに対応して、和解の原因も父ヤコブの愛なのである。

まとめ

兄弟の対立と和解をテーマにした大きな物語は、ヨセフの数奇な運命に読者の関心が集まりがちだが、実は、父ヤコブと息子たちの関係をめぐって展開している。「父の家」の存続、アブラハムから受け継ぐ神の祝福の約束がいかにして実現していくのかが物語られているのである。

ヤコブを家の頭とする「父の家」のモチーフは、ヨセフと兄弟たちとの第一の出会いの中で「一人の男の息子たち」（42・10、私訳）、「一人の父の息子たち」（同13節）という兄弟たちの発言に表れている。また、帰郷後に第一の出会いを回想して父に語る言葉の中にも出る。「私たちは一人の父の息子（です）」（42・32、私訳）。

第二の旅に出る前に、ユダが第一の出会いを回想する中で父の家のテーマが再び現れる。「あなたたちの父はまだ生きているのか、他にあなたたちの兄弟はいるのか」(43・7、私訳)。つまりヨセフの関心の第一は父であり、それに次いでベニヤミンであった、とユダは解釈しているのである。ユダのこの解釈は正しかった。なぜなら、再びエジプトに下ったときの友好的な出会いの中で、ヨセフ自身がまず「年取ったあなたたちの父はシャローム(平安)か、まだ生きているか」、次に「あなたたちの最も小さい兄弟とはこれか」と尋ねる(43・27)。さらに、ヨセフが自分を明かした言葉の中でも、「わたしはヨセフ、わたしの父はまだ生きているのか」(45・3、私訳)と問う。

このように、物語においては「父の家」が先に立つモチーフであり、それに加えて、父の家が存続するために、つまりいのちのために、最も小さい兄弟を最優先することが必要条件であるとも言われている。和解が実現するのは、①対立する者の双方が同じ価値とそれを実現するという共通の課題を共有し、②小さい兄弟を自分自身よりも優先するほどに献身する場合なのだ、ということが、物語から読み取れるメッセージである。

ヨセフが見た夢は、ヨセフによって「ヤコブの家」が存続することを意味していた。それが神の計画であり、どのような紆余曲折を経ても遂には実現するはずのものであった。言わば不動の真理の世界である。これに対立するのが兄弟たちのヨセフに対する感情的な反応であり、その原因となった父ヤコブの愛情である。この対立は、最後には神の計画という真理の勝利で終わる。歪んだ感情の支配から解放され神へと目を移すこと、言いかえれば、神を畏れる者となることで、真に和解が実現する。長年の対立であるとしても、私たちには、再び兄弟の交わりを回復する希望が与えられている。

「和解のミッション」――現代イエズス会の新たなミッション

川中　仁

はじめに

二〇一六年秋（二〇一六年十月三日―十一月十二日）にローマでイエズス会第三六総会[1]が開催され、イエズス会第三〇代総長アドルフォ・ニコラス神父（Adolfo Nicolás）の辞任にともない、同年十月十四日にアルトゥーロ・ソーサ神父（Arturo Marcelino Sosa Abascal）（一九四八年十一月十二日―）が第三一代総長に選出された。同総会は、第一代総長イグナチオ・デ・ロヨラの後継者として第二代総長ディエゴ・ライネス（Diego Laínez）を選出した第一総会（一五五八年）以来、イエズス会史上三六回目の総会[2]にあたる。

小論では、まずイエズス会第三六総会の背景に取り組み、第三二総会（一九七四―七五年。イエズス会日本管区「イエズス会三二総会教令　一九七四―一九七五年」、イエズス会日本管区、一九七六年）と第三五総会（二〇〇八年。イエズス会日本管区「イエズス会三五総会教令　二〇〇八年」、イエズス会日本管区、二〇〇八年）の総会文書[3]から、「信仰と正義の促進（Promotion of Faith and Justice）」が現代イエズス会の基本方針であること、また第三六総会（二〇一六年）で掲げられた「和解のミッション」が両総会に遡ることを確認してみたい。次いで第三六総会に取り組み、同総会の公式ロゴの意味と総会の経緯を概観したうえで、第三六総会教令[4]で掲げられたイエズス会の新たなミッションとしての「和解のミッション」とは何かをみてみたい。

1　第三六総会の背景

(1) 現代イエズス会の基本方針——「信仰と正義の促進（Promotion of Faith and Justice）」

第二バチカン公会議「現代世界憲章（*Gaudium et spes*）」（一九六五年十二月七日。「現代世界憲章」、『第二バチカン公会議公文書　改訂公式訳』、カトリック中央協議会、二〇一三年所収、599―714頁）で、世界と人びとに奉仕する教会という現代世界における教会の使命が掲げられた。[5]第二バチカン公会議による新たな教会の動きに呼応するかたちで、第三一総会（一九六五―六六年）で選出された第二八代総長ペドロ・アルペ神父（Pedro Arrupe）の統治期に、「正義を行う信仰（faith that does justice）」という現代のイエズス会の根本的方向性が決定された。その後、「信仰と正義の促進」という現代イエズス会の使命が明確に打ちだされたのが、一九七四―七五年に開催された第三二総会であった。第三二総会第四教令（一九七五年五月八日）では、次のように述べられている。

今日におけるイエズス会のミッションは、信仰への奉仕（service of faith）であり、正義の推進（promotion of justice）は、その奉仕が絶対的に要求することの一つである。

（第三二総会第四教令二［四八］）

「信仰と正義の促進」という現代イエズス会の基本方針は、二〇〇八年に開催された第三五総会でも再確認されている。「信仰への奉仕と正義の促進（the service of faith and the promotion of justice）は、分たれない一つのものとして、いまなおわたしたちのミッションの核心である」（第三五総会第二教令一五）。このように、現代イエズス会のミッションは、現在に至るまで「信仰への奉仕（service of faith）」と「正義の促進（promotion of justice）」によって根本的に特徴づけられている。

⑵「和解のミッション（mission of reconciliation）」

第三六総会では、「信仰と正義の促進」の基本方針を確認するとともに、「和解のミッション（mission of reconciliation）」が、イエズス会のミッションとして前面に掲げられたが、「和解（reconciliation）」自体は、第三二総会でも既に言及されている。第三二総会第四教令では、上記に引用した箇所に引き続いて、信仰と正義を促進すべき理由が次のように述べられている。「神との和解（reconciliation with God）は、人間同士の和解（reconciliation of people with one another）を要求するからである」。すなわち、信仰と正義の促進を「人間相互の和解」と理解したうえで、「神との和解」にもとづくものとしたのである。

その後、第三五総会第三教令（二〇〇八年）で、「和解」は再び取り上げられ、イエズス会の重要なミッションとして掲げられる。イエズス会の「和解のミッション」の原点は、イエスの越境性にある。

それは、既存の枠組みを打ち破り、越境するイエスの姿である。「イエスは、人々に語りかけ、種々の相違を受け入れ、新たな視野を開いた。イエスの奉仕職は境界線を越えたのである（transcended boundaries）」（第三五総会第二教令二二）。ここに、現代イエズス会の「和解のミッション」の原点がある。

また、「和解のミッション」について、次のように述べられる。「和解のミッションを委ねられたわたしたちは、正しい関係を築いて新しい世界を構築するように、またあらゆる分裂がなくなり、すべての人に神が正義を回復してくださる新しいヨベルの年をもたらすように、呼ばれている」（第三五総会第三教令一六）。すなわち、正義の実現は、世界における関係性の回復と構築にある。このように、「和解のミッション」とは、世界における関係性の回復と構築による正義の実現なのである。

イエズス会の「和解のミッション」は、キリストによるさまざまな次元での関係性の再構築にあずかるものである。「キリストのミッション（Christ's mission）に仕えるわたしたちは、神、人間相互、被造界と正しい関係を築くキリストを援助するように招かれている」（第三五総会第三教令一八）。すなわち、「キリストのミッション」は、①神との和解（reconciliation with God）、②人間相互の和解（reconciliation with one another）、③被造界との和解（reconciliation with creation）にあり、イエズス会は、この「キリストのミッション」に参与するのである。このように、イエズス会の「和解のミッション」とは、神・人間相互・被造界との関係性を回復する「キリストのミッション」にあずかることなのである。

2　第三六総会（二〇一六年十月三日―十一月十二日）

わたしたちの識別は、貧しい人びとのまなざしでこの世界を見て、彼らと共に働くことへと導く［…］[6]。

⑴第三六総会の公式ロゴ

イエズス会第三六総会の開催に先立って総会の公式ロゴ[7]が作成されたが、この公式ロゴに第三六総会の目指したものをみることができる。

総会ロゴには、「沖へと漕ぎ出す」（Rowing into the deep / Remando mar adentro）とあるが、この言葉は、教皇フランシスコがイエズス会再興二〇〇年にあたって述べられたメッセージ――「イエズス会再興二〇〇年のメッセージ」（二〇一四年九月二十七日）[8]――からとられている。その中で、教皇フランシスコは、イエズス会員たちに、「識別すること（discernment）」と「漕ぎ出すこと（row）」（ルカ5・4参照）[9]、すなわち神のみ旨に忠実に聞き従い、キリストとともに教会において奉仕することを求めている。

第36総会公式ロゴ

①ＩＨＳのモノグラムは、教会におけるイエズス会の小舟をあらわし、そのえび茶色（maroon color）は、イグナチオ・デ・ロヨラの印章とイエズス会の原点としての初期イエズス会の行動様式をあらわしている。②波は、「境界（frontiers）」に向かってイエズス会員たちが漕ぎ出すように招かれている海をあ

らわしている。[10] ③十字架は、聖霊の息吹きを受け、イエズス会の小舟を漕ぐのを助ける帆をあらわし、④十字架上の炎は、「わたしが来たのは、地上に火を投ずるためである」（ルカ12・49ａ）——"Ite Inflammate Omnia"[11]——というイエスの言葉に由来しているが、「他の火をも燃え上がらせる火（a fire that kindles other fires）」（第三五総会第二教令参照）、イエズス会の識別を照らす光、神の愛の灯火[12]をあらわしている。

⑵第三六総会の経緯

二〇一四年十二月八日、アドルフォ・ニコラス総長は第三六総会を招集した。これを受けて、全世界のイエズス会各管区は管区会議を招集し、管区会議で代議員を選出した。第三六総会では、第三五総会から運用された「総会規定（ＦＣＧ）」[13]にもとづき、総会に参加する代議員たちがローマに参集する本会議以前に総会の作業が始まった。[14] 総会の「準備作業（Preparatory Works）」は、準備委員会（Coetus Praevius）（二〇一五年八月―九月）に引き続き、各種委員会（二〇一五年十月）[15]が開催された。

本会議前半には、二〇一六年十月二日に開会のミサが執り行われ、翌三日に開会セッションがあり、「デ・スタトゥ（De Statu）」、すなわち「会の現状について（De Statu Societatis / State of the Society）」が取り扱われた。十月七日にはサンピエトロでミサが執り行われ、四日間にわたる総長選出のための選挙人による祈り、識別、「ムルムラチオネス（Murmurationes）」（意見交換）を経て、十月十四日には聖霊に祈り求めるミサが執り行われた。同日、総長選挙が行われ、第三一代総長アルトゥーロ・ソーサ神父が選出され、翌十五日には感謝のミサが執り行われた。

本会議後半には、総会文書の審議（Ad Negotia）が行われ、十一月十一日には、第一教令「和解と正義のミッションにおける同志」（*Companions in a mission of reconciliation and justice*）と第二教令「新たなミッションのための統治の刷新」（*Renewed governance for a renewed mission*）の両教令が公布された。その間に、十月二十四日に教皇謁見があり、十一月四日に総長顧問が任命され、十一月十二日に閉会セッションをもって閉会した。

(3)第三六総会の教令

原点――ベネチアにおける初期イエズス会員たちの姿（自叙伝93―96番）

自叙伝85・2―5番[16]には、イエズス会創立前のベネチアに滞在するイグナチオ・デ・ロヨラら最初の七人の同志たちの「決定（deliberatio）」（自叙伝85・2）について、次のように述べられている。[17]

2このころ、将来何をすべきかを、全員で熟慮の末に決定した。まず、ベネチアに行き、そこからエルサレムに行くこと、およびそこで、自分たちの生涯を、人々の霊的指導にささげること、3もしもエルサレムに永住することが許されない場合には、ローマに引き帰し、キリストの代理者である教皇に謁見し、より大きな神の光栄と霊魂の利益とのために役に立つと思われる所へ、自分たちをつかわしてくださるよう要請すること。4なお、一年間ベネチアで乗船の機会を待ち、5もしこの一年間に乗船できなければ、エルサレム行きの誓願から解放され、教

皇のもとへ行くことなども決定した。（自叙伝85・2—5番）

最初の七人の同志たちは、救霊——「霊魂を助ける（ayudar a las ánimas）」——のためにエルサレムに渡航すること、そのために一年間の猶予でベネチアに待機するが、エルサレム渡航がかなわない場合はそれを断念し、教皇の派遣を受けるためにローマの教皇のもとに赴くことを決定したのである。彼らのベネチアでの待機の理由は、エルサレム渡航が、トルコとベネチアとの間で勃発した紛争のために困難となっていたからである（自叙伝94・1番参照）。その際、彼らは「将来何をすべきかを、全員で熟慮の末に決定した」。すなわち、最初の同志たちは、その進むべき道を共同識別のうちに決定したのである。

ヴェネツィアで、彼らは聖地まで渡航する計画が阻まれたので、主の召命をより深く識別する道（a deeper discernment of the Lord's call）へと駆り立てられた。聖霊はどこへ導こうとしているのか。新たな方向づけを識別すると同時に、そこまで自分たちを生かしてきたもの（what they had already found to be life-giving）を固く保とうとした。それは、主における友として生活を共にすること、貧しい人々に寄り添って生きること、また喜びをもって福音をのべ伝えることであった。（第三六総会第一教令四）

第三六総会第一教令四によれば、このベネチアにおける最初の同志たちの姿は、イエズス会誕生につながる重要な一歩であった。「最初の会員たちがヴェネツィアに集まったことは、力強い模範であり、本会の誕生にとって重要な一歩であった」（第三六総会第一教令四）。同時に、この最初の同志たちの姿こそが第三六総会の原点である。それは、①「識別（discernment）」、すなわち共同で識別する姿（第三六総会第一教令五）であり、②「貧しさ（poverty）」、すなわち貧しい生活様式を選ぶ姿であった。最初の同志たちは、祈りのうちに進むべき道を共同で識別した。「初期の会員たちにとって、共同識別に根差した生き方とミッション（life and mission, rooted in a discerning community）とが深く結ばれていた。今日のわたしたちもまた同じ生き方をするように召されている」（第三六総会第一教令五）。

また、最初の同志たちは、「貧しさ」、すなわち自らの貧しい生活様式をとおして、貧しいキリストに従うこと、貧しい人びとと共にあるということを堅持した。それは、「貧しさ」こそが、最初の同志たちにとって、「そこまで自分たちを生かしてきたもの」だったからである。第三六総会では、最初の同志たちの貧しい生活様式をあらためて思い起こし、イエズス会のミッション遂行のために「貧しさ」のもつ意義を再確認したのである。第三六総会第一教令六では、「貧しさ」のもつ意義についてこう述べられている。「ヴェネツィアでの初期の会員たちの生活上の貧しさ、貧しい人々の傍らで過ごしていたことがわたしたちの生き方の指針にもならなければならない。貧しさこそが創造する力を生み出し、神の呼びかけに応える応需性を削いでしまうものからわたしたちを守ってくれるのである」（第三六総会第一教令六）。

「和解（reconciliation）」——現代イエズス会の根本的なミッションとしての「和解」

第三六総会第一教令「和解と正義のために派遣された仲間たち」の冒頭には、コリントの信徒への手紙二から引用されている。「これらはすべて神から出ることであって、神は、キリストを通してわたしたちを御自分と和解させ、また、和解のために奉仕する任務をわたしたちにお授けになりました」（Ⅱコリント5・18）。この「和解の奉仕[18]」——「和解のために奉仕する任務〔διακονία τῆς καταλλαγῆς〕」——こそが、第三六総会で掲げられたイエズス会の根本的なミッションである。第三六総会第一教令二一（第三六総会第一教令二一。第三六総会第一教令二一—三〇参照）では、イエズス会の「和解のミッションの三つの側面（three dimensions of this ministry of reconciliation）」について、次のように述べられている。

> 三五総会が提示した和解のミッションの三つの側面、すなわち神との和解、人間同士の和解、そして全被造界との和解は、新たな緊急性を帯びてきた。（第三六総会第一教令二一）

「和解のミッションの三つの側面」とは、①神との和解（reconciliation with God）、②人類との和解（reconciliation with humanity）、③被造界との和解（reconciliation with the creation）である。これらの和解のミッションの三側面は、相互に関連する「神の一つの働き（one work of God）」である。「提示された和解の三つの側面は、実は相互に関連しており、分割できない神の一つの働きである」（同）。この神の和解の働きは、「和解の仲介者キリスト（Christ the Reconciler）」によって仲介される。イエズス会は、このキリストによって仲介された神の和解の働きにあずかるのである。「キリストの十字架と、わたしたちがそれに与えることもまた神の和解の働きの根底に据えられている」（第三六総会第一教令二一）。

その際に重要なことは、和解と正義が密接に関連するものとして提示されたことである。「こうした和解は、つねに正義と関わるものであり、それぞれの社会や状況の中で識別され、実践されるものである」（第三六総会第一教令二一。第三六総会第一教令三参照）。和解のミッションとは、神・人類・創造という和解の諸次元における関係性の回復と構築による正義の実現である。このような和解と正義を関連づける第三六総会の現代イエズス会のミッションの再定義は、第三二総会後の社会正義の推進をめぐるイエズス会内部の深刻な対立を克服することにもつながる。[19]こうして、第三二総会第四教令で謳われている「信仰と正義の促進」という現代イエズス会の基本指針を堅持しつつ、神・人類・創造という多層的な次元における関係性の回復と構築を目指す「和解」という視点で、第三六総会は、現代イエズス会のミッションを再定義したのである。

今日の状況にふさわしい行動様式（Ways of proceeding suited to our times）

識別、協働、ネットワーキングは今日の行動様式にかかわる三つの重要な観点である。イエズス会は、複雑で、「断片化され、分断された世界」に置かれた「国際的、多文化的組織」であるため、こうした点に注目することは、統治を簡素化し、より柔軟で使徒的効果を向上させる助けとなる。（第三六総会第二教令三。第三六総会第二教令三―九参照）

第三六総会第二教令によれば、今日のイエズス会が課題とする和解のミッションを遂行するにあたっては、①「識別（discernment）」（第三六総会第二教令四―五）、②「協働（collaboration）」（第三六総会第二教令六―七）、③「ネットワーキング（networking）」（第三六総会第二教令八―九）の三つを重視しなければならない。それは、現代世界の複雑な国際情勢の中で国際的かつ多文化的なグローバル組織として活動するイエズス会において、統治の簡素化とより柔軟で効果的な使徒職の遂行に資するからである。

まず、このようなイエズス会のミッションを遂行するにあたって不可欠なのは、「識別」である。「和解のミッション」とは、キリストを仲介する神の和解のわざにあずかることにほかならない。それゆえ、世界において働かれる神を観想することで、神ご自身が望まれることを祈りのうちに識別することが肝要である。「イグナチオの貴重な遺産である識別は、個人としてまた共同体としての使徒的生活に欠かせない。識別は、この世界のうちに働かれる神を観想することから始まり、わたしたちの努力を神の計画に合わせるがゆえに、『より豊かな実りを得る』ことを可能にする」（第三六総会第二教令四）。

また、現代におけるイエズス会のミッションの遂行のためにとりわけ重要なのは、「協働」である。それは、単なるイエズス会員の数的減少から要請されるものではなく、協働者たちの働きによってイエズス会のミッションが真の深みと広がりをもつことになるからである。「わたしたちと共に働き、特に、イグナチオの呼びかけを感じてきた協働者のお蔭で、本会のミッションは深みを得、奉仕職は広がっていたのである」（第三六総会第二教令六）。

また、「協働」から必然的に要請されるのが、「ネットワーク」による協力態勢である。「協働は自然にネットワークを通しての協力へと発展する」（第三六総会第二教令八）。それは、「ネットワーク」の構築が、イエズス会の奉仕職と統治の多層的な次元をつなぐことになるからである。第三六総会第二教令九では、イエズス会のミッション遂行における多層的なネットワーク構築について、次のように述べられている。「ネットワークは、会の奉仕職や統治の『水平的（horizontal）』次元と『垂直的（vertical）』次元を結びつけるものである」（第三六総会第二教令九）。すなわち、イエズス会の統治機構のもつ垂直的なネットワークとさまざまな協働者たちによってつながれる水平的なネットワークが織りなす中で、イエズス会のミッションは遂行されるのである。

結び　第三六総会で掲げられた現代イエズス会の新たなミッションとしての「和解」

第三六総会開催の第一義的な目的は、第三〇代総長アドルフォ・ニコラス神父の辞任にともなう新総長の選出にあった。だが、第三六総会では、新総長の選出にとどまらず、現代イエズス会のあり方をあらためて見直す作業にも取り組んだ。その際に、第三六総会は、一五三七年にベネチアに滞在していたイエズス会の最初の同志たちの姿（自叙伝93―96番）、すなわち、①「識別」、すなわち共同で識別する姿と②「貧しさ」、すなわち貧しい生活様式を選ぶ姿を、イエズス会の出発点とともに第三六総会の原点とみなした。こうして、「識別」と「貧しさ」は、アルトゥーロ・ソーサ新総長のもとで新たな歩みを始めるイエズス会を根本的に特徴づけるものとなったのである。

第三六総会で掲げられた「和解のミッション」それ自体は、第三六総会で初めて登場したものではなく、第三五総会第三教令（二〇〇八年）で既に取り上げられたものである。また、「和解」という課題自体も、第三二総会第四教令にまで遡るものである。第三六総会は、第三二総会第四教令以来の「信仰と正義の促進」という現代イエズス会の基本方針を再確認するとともに、「信仰と正義の促進」を根本的に「和解の奉仕」ととらえたうえで、「和解」を神・人間・創造の諸次元において実現すべき正義として理解した。すなわち、正義の実現は、世界における神・人間・創造の諸次元における関係性の回復と構築にあるのである。こうして、第三六総会の公式ロゴに描かれているように、海図のない航海に漕ぎ出す小舟としての現代イエズス会は、識別のうちに協働の多層的なネットワークを駆使しつつ、さまざまな紛争と格差で分断された現代世界にあって、「和解のミッション」を遂行すべく派遣されるのである。

注

（1）第三六総会の詳細につき、http://www.gc36.org 参照。また、以下も参照。*Jesuits. Yearbook of the Society of Jesus 2017*, pp. 35–80. その他、第三六総会に参加した日本管区選出の二人の代議員による以下の総会報告も参照。佐久間勤「イエズス会三六総会に参加して」、社会司牧通信第一九二号（二〇一六年十二月十五日）、8頁、梶山義夫「イエズス会三六総会の新しさと精神」、社会司牧通信第一九三号（二〇一七年二月十五日）、1―3頁。

（2）イエズス会総会（General Congregation）は、通常、総長の死去にともなう新総長選出のために開催されるが、総長選出の場合以外にも、総長個人が決定することのできない重要案件や全世界のイエズス会からだされた「請願（ポストゥラータ postulata / postulates）」について審議するためにも開催される。イエズス会総会につき、http://image.jesuits.org/USA/media/GC-infographic-ENGLISH-LARGE02.png 参照。また、以下も参照。John Padberg, *The General Congregations and the World around them*, Review of Ignatian Spirituality XXXVII, 3/2006, 22–36.

（3）第三一総会から第三五総会までの現代イエズス会の総会文書は、以下を参照。*Jesuit Life & Mission Today. The Decrees & Accompanying Documents of the 31st–35th General Congregations of the Society of Jesus*, ed. John W. Padberg, Saint Louis: The Institute of Jesuit Sources, 2009.

（4）http://jesuits.org/gc?PAGE=DTN-20170215020206. イエズス会日本管区「イエズス会三六総会教令　二〇一六年」、イエズス会管区長室編、二〇一七年。

（5）「現代世界憲章」三項二「教会の望むことはただ一つ、すなわち真理についてあかしをするため、世を裁くためではなく救うため、仕えられるためではなく仕えるためにこの世に来られたキリスト自身のわざを、弁護者である霊の導きのもとに継続していくことである」。

（6）新総長アルトゥーロ・ソーサによる総会閉会ミサの説教（二〇一六年十一月十二日）。原文：http://gc36.org/wp-content/uploads/2016/11/20161112-Sosa-omelia-finale.pdf: "Il nostro discernimento ci porta a vedere questo mondo con gli occhi dei poveri e a collaborare con loro […]."（英訳：http://gc36.org/fr-general-homily-gc36-closure-mass/ : "Our discernment leads us to see the world through the eyes of the poor and to work with them […].")

（7）第三六総会の公式ロゴの詳細につき、以下を参照。http://www.gc36.org/the-narrative-behind-the-logo-of-gc-36/: "The Narrative Behind the Logo of GC 36". 第三六総会の公式ロゴは、パブロ・フェルナンデス（Pablo Fernández SJ）とエリアス・ロペス（Elías López SJ）の両名による制作。

（8）http://www.sjweb.info/news/index.cfm?Tab=7&Language=1&PubNumID=250.

（9）ルカ5・4「話し終わったとき、シモンに、『沖に漕ぎ出して（ἐπανάγαγε εἰς τὸ βάθος）網を降ろし、漁をしなさい』と言われた」。

（10）第三五総会第三教令「今日のわたしたちのミッションへのチャレンジ——最前線に派遣されて」（*Challenges to Our Mission Today: Sent to the Frontiers*）参照。

（11）「行って、全世界に火をつけよ」（"Ite, inflammate omnia." / "Id, inflamad todas las cosas."）というイグナチオの言葉が伝えられている。第三五総会第二教令二五参照。

（12）第三五総会第二教令二五「わたしたちは、この火をもって、すべてのものの中に神の愛を灯していくように召されている」。

（13）「総会規定（ＦＣＧ）」14 §1によれば、総会の作業は、各地域上級長上協議会議長が、当該地域の代議員を招集した時点で始まる。

（14）第三六総会の詳細な経緯につき、以下を参照。総会文書、pp. 13–36 : "Historical Introduction"（邦訳５—21頁「一　三六総会の経緯」）。

（15）総会運営委員会（Coordinating Committee [CoCo]）、現状報告委員会（Deputatio [de statu Societatis] Commission）、法務委員会（Juridical Commission）、統治委員会（Governance Commission）、生活とミッショ

ン委員会（Life and Mission Commission）。

（16）イグナチオ・デ・ロヨラ『ロヨラの巡礼者――聖イグナチオ自叙伝』アントニオ・エバンヘリスタ／佐々木孝訳（中央出版社、一九八〇年。以下、自叙伝と略記）。*El peregrino. Autobiografía de San Ignacio de Loyola*, Introducción, notas y comentario por Josep M.ª Rambla Blanch, S. I., Bilbao-Santander 1983. 小論中の自叙伝のナンバリングは同書にもとづく。

（17）一五三四年八月十五日、イグナチオ・デ・ロヨラら最初の七人の同志たちはパリ・モンマルトルで誓願を立てた。モンマルトルの誓願文自体は現存していないが、自叙伝85・2―5番からその内容を推定することができる。

（18）現代における「和解のミッション」につき、以下を参照。*Promotio Iustitiae* (Nº 124, 2017/2) : *Agents of reconciliation in a broken world.*

（19）第三二総会後の社会正義の推進をめぐるイエズス会内部の深刻な対立につき、以下を参照。第三四総会第三教令二（五一）「わたしたちは、これまでの歩みにおいて失敗のあったことも認める。正義の促進は時に、その源泉である信仰から離れたこともあった。教条主義やイデオロギーから、わたしたちは時に会員同士を仲間というより敵対者として扱うこともあった」。イエズス会日本管区「イエズス会三四総会教令　一九九五年」、イエズス会日本管区、一九九七年。

ブラザー・ロジェとテゼ共同体——和解と一致への旅路

打樋　啓史

はじめに——テゼ共同体とは

二〇一七年の宗教改革五〇〇年記念は、歴史上初めて、カトリック教会とルーテル教会が共同で行なう記念であることに大きな意味がある。『争いから交わりへ』（一致に関するルーテル＝ローマ・カトリック委員会著、ルーテル／ローマ・カトリック共同委員会訳『争いから交わりへ——二〇一七年に宗教改革を共同で記念するルーテル教会とカトリック教会』教文館、二〇一五年）という共同文書が発表され、世界中で様々な共同の式典が行われる。プロテスタントとカトリックの双方が大きく歩み寄ることができたのを喜ぶと同時に、まだ一致への途上にある痛みを認識する機会でもある。

ここでは、そのような意味をもつ宗教改革五〇〇年記念とフランスのテゼ共同体との関わりについて記したい。異なるキリスト者間の和解、そして人類家族の和解を目指して創始されたテゼ共同体の存在と働きは、エキュメニズムの具体的前進に少なからぬ影響を与えてきたのであり、和解をテーマとする宗教改革記念とも密接に関わるものである。

テゼを訪れる若者たち（撮影：Wiesa Klemens）

テゼ共同体は、第二次世界大戦のただなか、一九四〇年に、ブラザー・ロジェ（Roger Louis Schütz-Marsauche）によって創始されたエキュメニカルな男子修道会である。スイスのプロテスタント・改革派の出身であったロジェは、戦争による分裂に疲弊した世界で、せめてキリスト者だけでも目に見える形で和解しなければキリストを証しすることにならないと確信していた。彼は、その具体的な表れとして、プロテスタントとカトリックの兄弟が祈りと労働の共同生活を送ることができれば、それは教会にとって、また人類にとって、小さな希望のしるし、「交わりのたとえ」となるのではという構想を抱き、この共同体を創始したのである。

このようなテゼの目指す和解にとって、最初から、地上で苦悩する貧しい人々、傷ついた人々との連帯は不可欠であった。テゼの村で暮らし始めたブラザー・ロジェが、ナチスの迫害を逃れてきたユダヤ人難民を迎え入れたことから始まり、テゼ共同体はつねに苦悩する人々との連帯の道を模索してきた。今日、テゼ共同体は、世界の最も貧しい諸地域にブラザーたちの家を置き、現地の人々と苦悩と喜びを分かち合う働きを続けている。

一九五〇年代以降、最初はヨーロッパから、やがてそれ以外の地域から、若者たちが次々とテゼを訪れるようになった。ブラザーたちは最初戸惑いつつも、様々な工夫と配慮をしながらこれらの若者を迎え入れ始める。今日、テゼは年間を通して一〇万人を超える若者たちが世界中から集い、出会い、共に祈る「巡礼地」として知られる。

二〇〇五年八月十六日、テゼでの夕の祈りの最中に、ブラザー・ロジェは精神的な困難を抱えた女性によって刺殺された。共同体は大きな悲しみに包まれたが、それが彼と共に歩んできたブラザーたちを立ち止まらせることはなかった。新院長となったドイツのカトリック出身のブラザー・アロイスを中心に、テゼ共同体は、ブラザー・ロジェの遺志を継いで、「神が例外なくすべての人を愛しておられる」という真実を明らかにする道をさらに広げようとしてきたのである。

宗教改革五〇〇年記念とテゼ共同体

先述のとおり、和解や一致がテーマとなる今回の宗教改革五〇〇年記念と、和解をもたらすエキュメニズムを求めてきたテゼ共同体の歩みは、深く関わり合い、響き合うものである。「争いから交わりへ」と教会を導く神の息吹のなかで、テゼ共同体も生まれ、その小さな共同体の祈り、働き、生き方が、カトリック教会とプロテスタント諸教会、それらの指導者たちやそこに連なる人々、若者たちに少なからぬ影響を与えてきたからである。

二〇一六年十月三十一日の宗教改革記念日、スウェーデンのルンド大聖堂を会場に、「争いから交わりへ」を主題にした共同記念行事「宗教改革記念『共同の祈り』」が、五〇〇年記念の先取りとして開催された。カトリック教会の教皇フランシスコ、ルーテル世界連盟議長のムニブ・ユナン牧師、同総幹事のマルティン・ユンゲ牧師の共同司式によって、この祈りは執り行われた。そこにはテゼの院長ブラザー・アロイスがゲストの一人として招かれ、入堂の歌から始まって何曲ものテゼの歌が祈りの中で用いられた。このことは、今回の宗教改革記念とテゼの歩みとの深い関わりを可視的に示すものである。

本稿では、宗教改革五〇〇年記念とテゼ共同体との関わりを二つの面から考えてみたい。まず、テゼにとって、特にブラザー・ロジェの思想のなかで、宗教改革はどう位置づけられるのかということである。ブラザー・ロジェは、自らの教派的背景でもある十六世紀の宗教改革のスピリットそのものを、教会を霊的に刷新する源泉として重視する。また、ロジェは、宗教改革者の意向そのものの中に、福音に根差す一致への憧れがあったことに気づいていた。つまり、彼にとって、宗教改革の精神そのものは、分裂をよしとするのでなく、教会の一致を促すひとつの源泉でありうる。このような視点から、ロジェは、宗教改革が結果としてもたらした分裂という力学にはくみせず、教会が本来ひとつであるという真実を見えるものとする道を求め続けた。そのようなブラザー・ロジェの思索と歩みに注目してみたい。

次に、宗教改革のひとつの中心であった、「神のことば」（聖書）とテゼとの関わりである。「神のことば」をすべての中心とすることは、ブラザー・ロジェとテゼにとっても大切な遺産であった。しかし、ロジェは、知性のみに価値を置く「言葉の偏重」には批判的な態度を取り、言葉と秘跡が不可分であることを深く認識してきた。そのような観点から、「神のことば」を、心と体の全体を通して受け取られる典礼の言葉として表現し、特にそれを短い祈りの歌の言葉として繰り返し歌い続けることで、命のことばに耳を傾けてきたところにテゼの特徴がある。このようなテゼの実践が、結果として若い人々に神のことばとの深い交流の機会を与え、そのことばが心に受肉するのを助けてきたことを見ていきたい。

宗教改革者の教会論

先述のとおり、ブラザー・ロジェはスイスの改革派の家族に生まれ、彼自身もスイス・ローザンヌの大学でプロテスタントの神学を学び、改革派教会の牧師になった。彼の周りに集まった最初のブラザーたちは皆プロテスタントの出身で、テゼはしばしば「プロテスタントの修道会」と呼ばれた。そのようにプロテスタント出身のロジェにとって、宗教改革、特に十六世紀の宗教改革は、その思想の大切な源泉のひとつであった。しかし、それは自らを宗教改革に由来するプロテスタントの一教派に位置づけ、そこに自分を閉ざしてしまうという意味ではなかった。むしろ、彼は十六世紀の改革者の目指した最も本質的なものの中に、教会を福音の単純さに立ち返らせ、教会に新たな命をもたらす霊的な息吹を感じ、またそれは教会が一つになることへと促す息吹であると理解していたのである。

『暫定性の力学』という一九六五年の著作で、ロジェは、宗教改革者ルターが、彼以前にボヘミアのフスの一派がカトリック教会から分離したことを嘆く文章を引用する。ここでルターは当時のローマ教会に見られた腐敗について語りつつ、そこから分離するのではなく、その中に留まって、誠実に嘆願し、説得するなど、できることを行ない、互いに重荷を負うべきである、と力説する。そうして霊による一致を保つべきである、愛はすべてを超越するからだ、と説く。つまり、「分離には愛がない」と言うのである。ロジェはこのルターの言葉を用いつつ、ルターの改革は結果的に十六世紀の断絶をもたらすことになったが、ルター自身には断絶の意図など微塵もなく、彼が教会について鋭いセンスをもっており、彼が生き抜いたのは良心の問題であった、と強調する。その上で、第二バチカン公会議にロジェがオブザーバーとして参加したとき、サンピエトロ大聖堂の円天井のもとで、自分が何度もマルティン・ルターの姿を現前に思い浮かべ、こう独語した、と記す。

もしもかれがいまここにいたら、かれの意向のもっとも本質的な部分が表明されるのを聞いて、どんなに喜こんだろうに！

（ロジェー・ルイ著、稗田操子訳『共同体の再建設――キリスト教一致の実存的証』ユニヴァーサル文庫、中央出版社、一九七〇年、101頁。原著は、Frère Roger, de Taizé, *Dynamique du provisoire – À l'écoute des velles générations 1962-1968*, Les Presses de Taizé, 2014）

ロジェは、ルターの他に、十六世紀のストラスブールの宗教改革者、マルティン・ブツァーからも影響を受けていた。ブツァーは、ルターからは「一致の狂信者」と批判された人物だが、もともとドミニコ会の修道士で、自らプロテスタントになってカトリックから破門されてからも、カトリック教会との和解を目指して、何度も会議を開いたことで知られる。ロジェは、一九四四年に記された未刊のテキストの中で、特にブッツァーの教会の共同体的再構築の思想に共感している。

ブッツァーは、教会が顔の見えない大集団になってしまうと共同体としての命を失うと指摘した上で、豊かな霊性を生きるいくつもの小さな群れを作り、そこに人々を招くことの重要性を主張した。ブッツァーは、そのような小さな群れが、教会という共同体全体の証しになることを願ったのである。ロジェは、これに深く同意しつつ、霊的にも物質的にも分かち合いを生きる小さな群れが、教会生活の中に常に存在すべきであるという考えを示す（G・アンマン著、植松功訳「ブラザー・ロジェには神学があったか（その一）―（その四）」『Spirituality』No. 136―139、一麦出版社、二〇一七年七―十月）。学生時代にロジェはキリスト教の修道制の意義を学び、やがてその招きに応えていくのだが、同時にこのような教会の刷新を目指す宗教改革者の教会論、特に共同体についての思想にも、ロジェが和解を生きる兄弟たちの小さな群れを構想していくひとつの源泉が見られる。

「教派・信条主義」から「普遍性」へ

ブラザー・ロジェは、若い頃、作家になることを夢見て、大学では文学部で学ぶことを望んだが、牧師であった父に反対され、父の意向に応えてローザンヌ大学の神学部で学ぶことになる。この改革派の神学部での学びは、ロジェに違和感と苦痛を与えるもので、結局彼が神学を好むことはなかった。それは、異質な考えに対抗して教えられる学究的な神学であり、誰もが自分の属する教派の正当性を

ブラザー・ロジェと子どもたち（撮影：Sabine Leutenegger）
©Ateliers et Presses de Taizé, France

主張し合う教会という印象を強くロジェに与えるものだった。なかでも当時のフランス語圏のプロテスタント・改革派の神学は、分裂的傾向をもつ防御的な性格が強いものであり、彼はこの学びの期間を忍耐して過ごしたのである。

このような神学部での学びのなかで、ロジェは上記のとおり、ルターやブツァーら改革者の内面的葛藤や教会のビジョンには関心をもったが、同時に、十六世紀以来の宗教改革の結果としてもたらされた教会の分裂の痛みに向き合うことになり、それに無関心であることは今日の教会の深刻な罪、教会の存立にかかわる一大事であるという認識を強めていく。ロジェは、宗教改革が生ぜしめた「教派主義・信条主義」（confessionalism）、つまり自らの教派的・信仰告白的アイデンティティを教会の存在根拠そのものとする傾向（プロテスタント各派の場合もカトリックの反宗教改革の場合も）を負の遺産として拒絶し、それが自己防衛と相互排除、その結果としての不和と敵対しか生み出さないことを直視したのである。

そこから、すべての教会にとって真のアイデンティティとは、本来の「普遍性」（catholicity）にほかならないことを確信し、それを見えるものとしていくことが彼の使命となっていく。ロジェがしばしば記すように、彼にとって教会とは神の愛といつくしみの器となるために地上に建てられたものであり、神の現存は教会という愛の交わり《コミュニオン》を通して具体的に見えるものとなる。交わり《コミュニオン》としての教会が、全力で愛し、ゆるし、わずかな資源しかもたなくても、人々を歓迎し、人々の苦悩に寄り添い、守りに立つことなくあらゆる頑なさから解き放たれるなら、教会の姿から光が輝き出し、それは人々の心にまっすぐに射し込むものとなる(Brother Roger of Taizé, *God Is Love Alone,* Continuum, London/ New York, 2003, p. 50)。諸教会がそれぞれ自己正当化の中に固まって分裂したままで、どうやって教会は神の愛を具体的に生きることができようか、とロジェは説く。分裂し、互いに相手を認めない教会は、教会の本質とその使命にまったく相反するものなのである。

生きたエキュメニズム

よく知られるように、ブラザー・ロジェのこの直観は、神学の学び以前に、彼の生まれ育った家庭環境で形成されたものである。彼は特に母方の祖母が自分に与えた多大な影響についてしばしば語る。ロジェの祖母は、第一次世界大戦中、戦争難民たちを自分の家に迎え入れ、その頃彼女は自分がプロテスタントの家系に属することに忠実でありつつ、同時にカトリックの伝統を愛し、しばしばカトリック教会のミサに出席していた。ロジェは、祖母が彼女自身の中でプロテスタントの伝統とカトリックの伝統を和解させていたことを重視し、こう記す。

祖母の生き方に心動かされ、若かったときに、わたしは自分のキリスト者としてのアイデンティティに目覚めました。それは、誰とも交流を断つことなく、私の元々の信仰とカトリック信仰の神秘を、自分の中で和解させて歩み続けるという生き方です。

(Brother Roger, *God Is Love Alone*, p. 52)

「和解の証人」としての祖母の生き方を継承したロジェは、ヴァルター・カスパー枢機卿（教皇庁・キリスト教一致推進評議会名誉議長）が言うとおり、自分がその家族の伝統から受け継いだプロテスタントの信仰的遺産を否定することも放棄することもなく、カトリック教会の信仰の豊かさを抱いた。カスパーは、これを「改宗」や「帰正」と呼ぶのは不適切であり、和解と交わりに大きく開かれた心の成熟さをここに見ることができる、と評価する。（W・カスパー著、植松功訳「ブラザー・ロジェ――いつくしみとエキュメニカルな旅（その一）―（その四）」『Spirituality』No. 126―129、一麦出版社、二〇一六年九月―十二月）。

ロジェは神学を学び始めた早い時期から、カトリック、正教会、聖公会の伝統の源泉から信仰と霊性を養うようになり、自分の中で教派の壁を乗り越えていった。テゼ共同体が創始されてから、ロジェとテゼのブラザーたちは、砂漠の修道者やカトリックの修道会の伝統から多くを吸収し、その共同生活を深化させていく。そうして、ロジェは、カトリックの信仰、つまりユーカリストにおけるキリストの現存、使徒伝承、ローマの司教（教皇）の一致のための特別な使命、救いの歴史における聖母マリアの役割などについて理解を深めていく。また、正教会の伝統からは、イコン、東方教会の聖歌、典礼の神秘などが、テゼの修道生活をより豊かにしていく。テゼの典礼には正教会の要素をいくつも見ることができる。カスパーはこう述べる。

このような発展から生み出されたものは、異なる要素の単なる混合ではなく、乖離し、孤立し、別れていたものの再統合と和解なのです。諸教会の未来の交わり《コミュニオン》を先取る具体的なエキュメニズムの姿です。

（カスパー「ブラザー・ロジェ——いつくしみとエキュメニカルな旅（その三）」『Spirituality』No. 128、5頁）

ロジェとテゼのブラザーたちが希求してきたこのようなエキュメニズムとは、同じ宗教の仲間が内向きに仲良くしようとすることではない。まったく逆で、それは、様々な伝統をもつキリスト者が交わりを深めることによって、すべての人々に向けて連帯の心を溢れさせ、すべての人と一致するようになるためのものにほかならない。特に、ロジェがしばしば強調するように、苦悩し困窮する人々と連帯し、希望を分かち合っていくためのものである。そのためには、教会が一つになって神の愛を反映させる器であることが不可欠となる。

また、このようなエキュメニズムとは、死んだ文字ではなく、人生そのものであり、生きられる現実、「今ここで起こっていること」としてのエキュメニズムにほかならない。それは、異なる教派がそれぞれの道を歩むという並行論や受動的な共存の状態であってはならない。それゆえに、ローワン・ウィリアムズ（カンタベリー前大主教）が指摘するとおり、ロジェは希望のないエキュメニズムを危険視する。それは、延々と協議し、長々と交渉を重ね、しかし何かを本当に実現させていくグローバルな展望に欠けたエキュメニズムのことである。ウィリアムズは記す。

テゼ共同体の存在と現実は、希望のないエキュメニズムへの一種の抵抗だったのではないでしょうか。この共同体はこう語っているのです。「見てください。本来の姿がここにあります。ここにしるしが現存しています。そのしるしとは、連帯を生きる人々です。世界中の青年たちとの連帯、周辺に置かれている人々との連帯、貧しい人々との連帯」。

（R・ウィリアムズ著、植松功訳「連帯のしるしとして（その一）―（その二）」『Spirituality』No. 124―125、一麦出版社、二〇一六年七月―八月。引用は、『Spirituality』No. 125、5頁より）

教会の指導者たちとの協働

このようなすべての人々の連帯を目指すエキュメニズムを模索する歩みとして、ロジェとテゼのブラザーたちは諸教会の責任ある人々を訪ね、出会い、信頼と友情を育むことを大切にしてきた。そのなかで、教会の和解と一致が、先延ばしにされるべきではない火急の課題であることを、それら指導者たちに謙遜な仕方で訴えることを続けてきた。そのなかでも、特にカトリックとプロテスタントの指導者たちとの出会いについて、その相互の交わりと一致のためにロジェがそれらの指導者たちとどのように協働してきたのかについて、紹介したい。

カトリック教会の場合、教皇ヨハネ二十三世とブラザー・ロジェの出会いと深い次元での共鳴、その後育まれていった深い信頼と友情についてはよく知られている。この教皇は、晩年声を上げてこう言った。「ああ、テゼ――あの小さな春の訪れ！」。一九五九年一月に教皇は第二バチカン公会議開催の意向を発表し、カトリック教会の外からも多数のオブザーバーを招くことを告げたが、その中にブラザー・ロジェとテゼからもう一名のブラザーが含まれていた。テゼはこれを積極的に受け入れ、公会議に向けての自らの期待と確信を次のようにまとめて教皇に届けた。

皆同じキリスト者である私たちの間に分裂が存在するという醜聞《スキャンダル》をはっきりと認識し、私たちは、目に見える一致を求めます。目に見える一致によって、またこれによってのみ、世界の一人ひとりに福音という喜びの知らせを届ける使命を勢いよく果たしていくことが可能になります。(……)キリストが望まれる完全な一致を維持してきたというカトリック教会の意見は存じています。その確信の是非について、私たちは判断する立場にはありません。しかし、その一致の確認が、カトリックでないキリスト者にとって傷つく仕方でなされる場合が多いということはお伝えしておかなくてはなりません。カトリック教会が、キリスト者の一致の目的をカトリック教会への「回帰」または「服従」という観点から述べた途端に、対話は不可能になります。全体の一致「に向けた前進」または「一緒に実現すること」を意味する言葉を用いることは、きっと可能なのではありませんか。そうでなければ、本当の対話にはなり得ません。(……)プロテスタントの考え方では、教皇がなさった宣言を、繰り返しなしていく必要があるのです――。「過去を裁きにかけることをやめましょう。誰が正しく、誰が誤っていたのか立証しようとするのをやめましょう。責任は両者にあるのです。私たちがともに言うべきことは、これに尽きます。『一つになりましょう！　不一致に終止符を打つのです！』」。

(K. Spink, *A Universal Heart: The Life and Vision of Brother Roger of Taizé: Second Edition*, GIA Publications, Chicago, 2005, p.74)

その後開催された公会議にオブザーバーとして参加したロジェは、この公会議が、彼らの願い、つまり「一緒に実現していく」という願いとも響き合うものであり、ここにキリスト教全体の明るい未来の展望があり、ひとつの新しいダイナミズムが現れたことを大きな喜びの内に確信した。ロジェは、ヨハネ二十三世を「エキュメニカルな司牧を具体化するという召命をもった万人の牧者」(Spink, *A Universal Heart*, p.83) と呼び、霊的指導者として、親密な相談相手として、深い信頼を寄せていく。ロジェは、上掲の『暫定性の力学』という著作の中で、このような第二バチカン公会議が切り開いたキリスト教全体の展望の中で、プロテスタントも、自分たちの歴史の方だけを向くのではなく、自らの内にダイナミックな刷新と改革を実現する必要があると説き、プロテスタントが陥りやすい危険について次のように記す。

ある意味で宗教改革の使命は、その端緒においてはカトリシズムの是正と深化を意図したのであった。しかしプロテスタンティズムは、しばしば孤立して当初の足取りと合致しない。ここからプロテスタントのエキュメニズムにとって危険な態度がおこりうる。つまりかれらの中には単にプロテスタント化したカトリック教会を待つという態度がある。

（ロジェ－・ルイ『共同体の再建設』、102頁）

そのように自分の側を正当化して相手が変わるのを待つという自己防衛の態度を捨て、福音の核心に常に戻りながら、いつも自らを刷新していくことがプロテスタントにも求められるというのである。これが、まさにロジェの言う「暫定性の力学」、つまり目的地に既に到達したというのではなく、信頼の内にあえて冒険を引き受けていく生き方であり、「それこそプロテスタントの存在理由ではなかったか」とも記される。ロジェは、カトリックもプロテスタントも、そのような自己の改革と刷新に真摯に取り組むならば、両者はいつの日かひとつになれるという希望を語る。

プロテスタントでは、ベグネール牧師のことを紹介したい。自らの内にプロテスタント的伝統とカトリックの信仰を和解させようとするロジェの生き方が、最初のころ、一部のプロテスタント、特にフランス語圏の改革派の人々に誤解と批判を巻き起こしたのは、ある意味で不可避のことだった。多くのプロテスタントは、「テゼがあまりにもカトリック寄りである」と批判した。一九四八年、パリのフランス・プロテスタント教会連盟の議長であったマルク・ベグネール牧師は、ブラザー・ロジェがローマ教皇ピオ十二世に会いに行ったことを厳しく批判し、プロテスタントの歴史的遺産の重要性を忘れてはならないと主張した。

しかし、対話を重ねる内に、彼とロジェとの間に理解が育まれ、その後ベグネールは妻と共に定期的にテゼに滞在するようになる。さらに、ベグネール自身が頻繁にローマを訪問し、その一五年後にはパウロ六世に会うことになったのである。いつの間にか、ベグネール夫妻はテゼのブラザーたちの親友になっていた。その死が近づいたとき、ベグネール牧師はロジェをパリに呼び、枕元で尋ねた。「第二バチカン公会議を経て、プロテスタントについての括弧を閉じるべきときが来たというべきだろうか?」。ロジェはこう答えた。「もちろん、そう言ってよいですよ。なぜなら、十六世紀に追い求めていた変革はすべて達成され、さらに変革されるのですから!」。ベグネール夫妻の棺にはテゼの聖務日課が納められた。二人とも毎日それを使って祈っていたのである(Spink, *A Universal Heart*, pp. 93-94)。

言葉の偏重への警戒

宗教改革の根本的主張のひとつは、キリスト者の信仰と生活にとっての神のことばの中心性の強調、そしてそれ以外のものの相対化であった。神のことば、すなわち聖書の言葉を何よりも重んじ、そこに聴くことをすべての出発点とする宗教改革の遺産は、ブラザー・ロジェとテゼ共同体にも受け継がれた。しかし、それは必ずしも、ある種のプロテスタント教会の教派主義的伝統に則って行われてきた、「言葉の偏重」を肯定するものではなかった。

ブラザー・ロジェはしばしば、知性のみに関わるたくさんの言葉、訓戒的なスピーチや長々とした重苦しい言葉での祈りというものに懐疑的な姿勢を示し、それらは人と神との出会いを妨げるものとさえ見なし、むしろ直観やうた心によってこそもたらされる喜びの息吹、復活のキリストの現存に目を向ける。

もし唯一の交わり《コミュニオン》、すなわちキリストのからだ——その教会——から、喜びの息吹が絶えてしまったら、また、もし教会の母性的な愛が訓戒的な数々のスピーチにとってかわってしまったら、どこにわたしたちはあふれ出る内面の命を見出すというのでしょうか。(……)もしキリスト者の祈りが、退屈で重苦しいことばで表現されたり、直観や詩心が忘れられ、復活なさったキリストのほむべき現存の入る余地のないものであったとしたら……。

(ブラザー・ロジェ著、植松功訳『テゼの源泉——これより大きな愛はない』ドン・ボスコ社、一九九六年、66頁)

ロジェにとって、活ける神との出会い・交流とは、知性だけでなく、感性的・身体的な要素、小さく弱い人間の心と体の全体を通して実現するものである。彼自身、神学的・教義的研究よりも、詩や文学、また音楽を愛し、そこから多くのインスピレーションを得てきた人であった。行き過ぎた聖書主義や長い重苦しい説教が支配的なものとなった、ある種の伝統から、彼は距離をとる。

また、ブラザー・ロジェは、日誌の中で、戸惑いつつ、宗教改革の過程で起きた残念なぶつかり合いについて、以下のように記す。宗教改革者たちがすべて聖書を基にした改革を主張したことによって、カトリック側に反発を生じさせてしまった。カトリック側は改革者らの聖書神学に反発することに夢中になり過ぎて、必要以上に聖書を否定してしまった。その結果、中世のカトリック教会の各地ですでに生じていた聖書復興の動きが封印されてしまった。このように、他のグループのありようを「彼らは私たちとは異なるのだ」と決めつけ、あれかこれかの選択肢しかないように思い込んでしまう発想は皮肉であり歪んでいる。改革者側は「聖書がすべてだ」と言う。するとカトリック側は「聖書だけがすべてではない」と主張する誘惑にかられる。同様にカトリック側は言う。「秘跡がすべてだ」と。するとプロテスタントは、「そう言うならば、私たちは秘跡にはそれほど関心がありません」と言いたくなる誘惑にかられてしまう。これは何とも滑稽なことで、皆それが滑稽だと分かっている。しかし、このメカニズムが人間の深いところで働いているのを認める必要がある（ウィリアムズ「連帯のしるしとして（その二）」『Spirituality』No. 125、4―5頁）。

幸いなことに、現代のエキュメニカルな対話の中で、カトリックにおいてもプロテスタントにおいても、聖書と秘跡の二分化が不健全で不幸なものであったことに多くの人たちが気づいてきた。また、それらが本来不可分のものとして人々を神の愛に招き入れる役割をもつことについて、研究と実践が深められてきた。ブラザー・ロジェは、最初からつねに、この聖書と秘跡の不可分性を大切にし、人間はその両者への信頼を通して神の深い愛の中に身を置くことができると確信してきたのである。

典礼の言葉、祈りの歌の言葉としての「神のことば」

このような意味で、ロジェにとって、テゼにとって、「神のことば」とは、知性だけで理解すべき難しいスピーチではなく、秘跡と不可分のものとして、人間存在の深みに語り掛けられるいのちと愛のことば、直観やうた心、また心と体の全体を通して聴かれ、各々の中に受肉してその人の生を形作る、神の語りかけそのものとしての「みことば」にほかならない。大切なのは、テゼにおいてそのような「みことば」は、論理的な説教の言葉ではなく、何よりも典礼の言葉として表現されてきたことである。

テゼの典礼・祈りについてはよく知られており、日本を含む世界各地でその形を用いたエキュメニカルな祈りの集いが開かれている。基本的には「ことばの典礼」として、繰り返しの短い歌を多く用いたものだが、その中心は聖書朗読とその後の長い沈黙である。祈りの場はロウソクやイコンなどのささやかなシンボルによって美しく整えられ、参加者が心と体で祈りに与ることができるように配慮されている。そのなかで朗読される聖書の言葉は、それら直観に豊かに訴えるシンボルに支えられて、また朗読の後にもたれる沈黙に支えられて、頭だけでなく心と体に染み透るものになる。

また、よく知られるテゼの「祈りの歌」は、神のことばに、まさに心と体を通して深く耳を傾けるひとつの手段となっている。テゼでの祈りにおいて、主に聖書から取られた短い言葉を繰り返して歌うという方法が、最初から行われていたわけでは

テゼでの祈り（撮影：Sabine Leutenegger）

なかった。初期のテゼの祈りは、より伝統的な修道会の典礼の形に沿ったもので、すべてフランス語で行われていた。一九六〇年代から世界各国から若者たちがテゼを訪れるようになったとき、ブラザー・ロジェは、それら多様な言語、文化、教派的背景をもつ若い訪問者たちが、傍観者になることなく共に祈りに参加するにはどうすればよいかを模索し始め、その結果、聖書の言葉を繰り返して歌うという手段が取り入れられたのである。

このように始められた「短い繰り返しの歌による祈り」は、異なる言語や背景をもつ多くの人々を、祈りの内にひとつに結び合わせるという当初の目的を果たしたのだが、同時にブラザーたちはそのもう一つの大きな意味に気づいていく。それは、聖書、特に詩編から取られた言葉を繰り返して歌うことは、みことばを黙想するきわめて意義深い手段になるという発見であった。信仰の本質を表現した短い言葉を繰り返し歌うことは、神のことばに深く耳を傾ける営みとなる。言葉を繰り返し歌うことによって、人はそれを咀嚼し、呼吸し、やがてそのことばの真実は歌う者の全存在を満たしていく。そうして、祈りの歌とそこで歌われる「神のことば」は、祈りの時間が終わって参加者がそれぞれの日常に戻ったときにも、心の奥深くに宿り、個人の歩みを支えていくものとなる。

その意味で、よく指摘されるように、テゼの歌による祈りは、ベネディクト会の伝統であり、キリスト教全体の中で重んじられてきたレクティオ・ディヴィナ（霊的読書）のひとつの形であると言える。それは、頭で聖書の言葉を分析するのではなく、むしろ心でその言葉の意味と真実に入っていく、与っていくことに主眼をおく聖書の読み方である。このような形で、みことばに聞き、それを黙想することを中心としたテゼの祈りは、その美しさや親しみやすさゆえに多くの若者に愛され、多くの教会で取り入れられ、教会の祈りや礼拝の活性化に影響を与えることになった。その結果として、人々が歌を通して聖書の言葉により深く耳を傾けるひとつの道を開くことになったのである（打樋啓史「テゼの典礼――『共同の祈り』の歴史、構造、意義」『関西学院大学キリスト教と文化研究』12号、関西学院大学キリスト教と文化研究センター、二〇一一年、117―134頁）。

このように、テゼが「神のことば」に重きをおき、テゼを訪れるすべての人々が何よりも典礼の言葉としてのみことばに耳を傾けることができるように様々な工夫をこらしてきたことは、ブラザー・ロジェの一致への情熱がもたらした一つの実りであると言える。ロジェは、神のことばの重視という宗教改革の遺産を受け継ぎつつも、信条主義的なあれかこれかという意味での「聖書のみ」の主張に閉ざされることを拒否した。聖書の言葉は、秘跡と不可分のものとして、またそれ自体が、説明的・訓戒的な言葉であるのとは逆に、愛の神の現存の喜びをもたらすサクラメンタルな性質をもつものとして、テゼの生活と祈りの中心におかれているのである。

おわりに

このように、ブラザー・ロジェとテゼ共同体は、教会がすべての人にとって神の限りない愛の反映となること、特に苦悩し困窮する人々をあたたかく迎え入れる希望の共同体となることを希求し、そのためには教会の真の一致が不可欠と確信してきた。この確信に基づいて、自らの小さな群れがその見えるしるしとなることを願い、「神のことば」に聴く祈りを何よりも大切にしつつ、若者たちを迎え入れながら、和解と一致を目指す信頼の旅路を歩いてきたのである。

おそらく、今回の宗教改革五〇〇年記念は、カトリックとプロテスタントの両方が、そのような神の愛の反映としての教会の真実を生きているのか、生きようとしているのか、そう問われる時なのだろう。すべての教会が苦悩するこの世界のなかでその本来の使命を果たしていくために、力という幻想を手放し、あらゆる頑なさから解き放たれ、神への謙遜な信頼の内に一つになっていくことが、そうして「分かち合いの大地、和解のパン種」(ブラザー・ロジェ『テゼの源泉』、166頁)となっていくことが、これまで以上に必要となっている。ブラザー・ロジェの一致への情熱は、二十世紀半ば以降、プロテスタントとカトリックの対話と出会いに大きな影響を与えてきた。彼の遺志を継ぐテゼ共同体の祈りと働きは、これからも、全教会が福音の根源から自らを刷新し、一つになっていく歩みを励まし、大切な示唆を与えてくれるだろう。

第Ⅱ部　「交わり」を生きるために

福音告知と分かち合い

幸田　和生

はじめに

今回の神学講習会のテーマにある「宗教改革五〇〇年」と私の話は直接的にはあまり関係がないかもしれません。ただ、宗教改革の時代にカトリック教会ではあまり読まれなかった聖書を、どうして現代のカトリックではよく読むようになってきたのか、そして今私たちは聖書をどのように読んでいったらいいのか、ということをお話ししたいと思います。

宗教改革の標語として、ラテン語で「sola gratia, sola fide, sola scriptura」という言葉があったと習った覚えがあります。「恩恵のみ、信仰のみ、聖書のみ」という意味です。宗教改革の時代、カトリック教会では信心業が盛んで、救いを得るために、いろいろなことを「する」ことが強調されていました。それに対して、何かの業をすることよりも信仰が一番大切なのだ、というのが「信仰のみ」です。「恩恵のみ」というのは、人間の行為、人間がこれだけの善行を積むよりも、神の恵みが人間の救いにとって根本的なことだということです。また、カトリック教会では伝統的に「聖書と聖伝」

という言い方をしてきて、聖書以上に実際には教会の伝承や伝統を重んじてきたようなところがあり、それに対抗してルターは「聖書のみ」ということを強調しました。今になるとカトリックとプロテスタントの考えや立場を、当時のように対立として見るべきではないと思いますが、プロテスタントにそういう標語があったので、かえってカトリック教会では聖書はあまり読まない方がよい、という風潮ができてしまったところがあると思います。ルターは聖書をドイツ語に翻訳して、だれでも聖書を読めるようにしましたが、それに対して、カトリックではむしろ反動的に、聖書はラテン語のヴルガータ聖書であるべきで、勝手に各国語に訳してはいけないといったことが言われました。信徒だけで勝手に聖書を読んで、勝手に解釈することもよくないという雰囲気が宗教改革の後でき、カトリック教会の中で普通の信徒が聖書を読むということがかなり遅れてしまいました。

それが大きく変わるのが、第二バチカン公会議です。これは一九六二年から一九六五年にかけて行われた全世界のカトリック教会の司教たちによる大きな会議でした。そしてその中で発表された『典礼憲章』や『啓示憲章』が、聖書をもっと普通の人々が読み、親しめるようにしなければならない、と述べることによってカトリック信者の聖書への向き合い方も変わってきました。なぜそうなったかということ、そしてその背景に何があり、それが私たちにどんな意味があるのかということをお話ししたいと思います。

1　第二バチカン公会議と聖書

『典礼憲章』は一九六三年、第二バチカン公会議で最初に出された公文書です。そしてその中で、聖書の大切さを非常にはっきりと語っています。24番にこうあります。

典礼を執り行うにあたり、聖書はもっとも重要なものである。聖書から朗読が行われ、これが説教によって説明され詩編が歌われるからである。また、聖書の息吹と霊感から種々の祈りと祈願文と典礼の歌が生み出され、行為としるしは聖書からその意味を受けるからである。したがって、聖なる典礼の刷新、発展、適応をなし遂げるには、東西両方の典礼様式の尊い伝統に見られる、聖書に対する愛情のこもった生き生きとした心を養う必要がある。

典礼を刷新していくにあたって、とにかく聖書を大切にするということが言われています。そして、51番ではこう言われています。

神のことばの食卓がいっそう豊かに信者に供されるために、聖書の宝庫がより広く開かれなければならない。こうして、一定の年数を周期として、聖書の主要な箇所が会衆に朗読されることになる。

カトリック教会ではミサのときに読まれる聖書の箇所が決まっていますが、公会議以前は、日曜日のミサの聖書朗読配分は一年周期でした。福音書はマタイによる福音書が中心に読まれていました。第二バチカン公会議後に発表された朗読配分は三年周期になりました。各年はA年、B年、C年と呼ばれ、だいたいA年がマタイの年、B年がマルコの年、C年がルカの年という配分になっています。また、ヨハネによる福音書は主に四旬節や復活節などの季節に読まれます。そういう形で三年間かけて日曜日のミサの中で、福音書の主な箇所が読まれるようになっています。また、福音朗読の前の、第一朗読は旧約聖書、第二朗読は使徒書と呼ばれる使徒たちの手紙で、そういうものも全部三年周期で読めるようになっていて、以前よりも豊かな聖書箇所が提供されるようになりました。この改訂によってカトリックの聖書朗読配分、聖書日課の一番の基本である日曜日のミサの聖書の箇所がとても豊かなものになりました。日曜日のミサで読まれる聖書の箇所をしっかり読むだけでも、聖書にずいぶん親しむことができます。

もう一つの聖書朗読配分は週日のミサのためのものです。日曜日や祝日以外の、月曜日から土曜日までのミサのためにも別の聖書朗読配分があって、そこでも聖書のさまざまな箇所が読まれるようになっています。これをていねいに読んでいけば、旧約・新約聖書の主な部分は全部読めるといってもいいほどです。

さらに「教会の祈り」の読書課の聖書朗読配分というのもあって、それを読めば聖書全体をほとんど、二年間で読めるようになっています。これは第二バチカン公会議の『典礼憲章』に基づいてなされた刷新の結果です。

『啓示憲章』では次のように言われました。

……この聖なる教会会議は、すべてのキリスト信者に、とりわけ修道者に対して、しばしば聖書を読んで「イエス・キリストを知るすばらしさ」（フィリピ3・8）を学ぶように、強くまた特別に奨励する。『聖書を知らないことはキリストを知らないことだからである』（聖ヒエロニムス）。それゆえ、彼らは、神のことばに満ちた聖なる典礼、あるいは敬虔な読書〔pia lectio〕、あるいは適当な教育機関を通して、また教会の司牧者の承認と配慮のもとに現在至るところで評価されて広く用いられているその他の補助手段を通して、進んで聖書の本文そのものに近づくようにしなければならない。……（25番、〔　〕内筆者注）

聖書の本文そのものに近づくということを信徒に、そして修道者に奨めています。このようにして、第二バチカン公会議以降、カトリック教会は、信者に対して、もっと聖書に親しむように、もっと直接聖書のテキストに触れるようにと呼びかけるようになりました。

その姿勢の変化がどういうところから来ているのかにはいろいろな背景があると思いますが、一つの背景としてラテンアメリカの教会の経験をお話ししましょう。

2　ラテンアメリカの教会

ラテンアメリカの国々はどこもみな、かつてはスペインやポルトガルの植民地でしたが、十九世紀の前半に相次いで独立していくことになりました。政治的には独立しますが、かつての支配者たちが大地主として広大な土地を所有している状態は続きました。多くの農民は小作人のままそれぞれの小さな農地を耕し、収穫を上げ、その中から地主に小作料を払わなければいけない、という状態が続いていました。一九五八―五九年ごろからこの状態に変化が起こります。大地主たちがアメリカ資本と結びついて、小さな畑を一つにまとめて広大な畑にして、トマトだったらトマト、コーヒーだったらコーヒーというような商品作物を作ることになります。すると小作人だった人は農場労働者になり、大農園で働いて賃金をもらうようになりました。大地主や資本家はお金になる作物を作って、そこで利益を上げ、そこから労働者に賃金を払うという形になっていったのです。しかし、そういった商品作物には国際的な価格競争があるため、作物の価格はどんどん下がっていき、作物の価格が下がっていくと労働者たちに払われる賃金もどんどん低くなっていくことになります。あまりの低賃金になった結果、農村では生きていけないという状況も起こります。以前は小作人であっても、自分の食べるものも自分で作るので、食べるものに不自由することはあまりなかったようです。農場労働者になって低賃金になって食べていくことも難しくなると、都会に行けばなんとかなるのではないか、と都会に出ていく人が増えます。しかし都会に住居や仕事があるわけでもないので、都会の周辺に広大なスラムというものができていきます。スラムは、仕事もあまりない、お金もないといった人たちが集まる場所になりました。

そこで起こったことは「共同体の喪失」ということです。かつての農村では、小作人たちが互いに助け合い、支え合いながら生きていく地域の共同体がありました。ところが大農園になることによってこれが壊されていきます。都会に出て行った人たちが住むスラムというところは、ただ人が寄り集まっている場所で、元々何の共同体もありません。そういう中でさまざまな人が追い詰められていくわけです。

このような状況の中で一緒に聖書を読むことによって共同体を取り戻そうという動きがブラジルから始まりました。その聖書の読み方で典型的なのは、Bible sharing（聖書の分かち合い）というものでした。聖書を読んで皆で分かち合い、そのことを通して小さなキリスト教的共同体（Basic Christian Community）を作っていくということが行われていきました。

私たちがその雰囲気を少しでも感じ取るためによい本があります。エルネスト・カルデナルの『愛とパンと自由を――ソレンチナーメの農民による福音書』（新教出版社、一九八二年）という本です。もう品切れになっているかもしれませんが、キリスト教系の図書館に行けば読むことができるでしょう。エルネスト・カルデナルは中央アメリカのニカラグアで働いていたカトリック司祭でしたが、ニカラグアでサンディニエスタ革命が起こって、革命政権が成立したときに文化庁の長官になりました。革命政権の中ではきちんと教育を受けた人があまりいなかったからです。しかし、カトリック司祭はそういった政治的なポストに就いてはいけないことになっているので、バチカンから司祭職停止の処分を受けました。

その革命よりも前、エルネスト・カルデナルは、ソレンチナーメという貧しい漁村に行き、そこで生活をしながら、漁民たちと一緒に聖書を読み始め、そこに新しい共同体が形づくられていくなかで自分たちの尊厳や権利というものに目覚めていきました。そのときの記録が『愛とパンと自由を』という本です。貧しい村の人々がどうやって聖書を読み、そこからどのような光を得、力をいただいて歩んでいったか、ということを生き生きと伝えてくれる本です。

このような体験に基づいて、貧しい人を優先する「解放の神学」と言われるものが生まれていきました。ラテンアメリカの教会にはいろいろな動きがありましたが、基本的にはこの「解放の神学」がラテンアメリカの教会全体の方針として受けいれられていくことになります。

一九五五年第一回ラテンアメリカ司教会議（CELAMと言います）が、ブラジルのリオデジャネイロで開かれました。第二バチカン公会議の前のことですが、この時代すでに、ラテンアメリカ（メキシコより南のすべての国）の司教たちの集まりがあったのです。重要なのは一九六八年、コロンビアのメデリンで行われた第二回ラテンアメリカ司教会議です。そこで、「貧しい人を優先的に選択する」こと、教会がなによりも貧しい人のことを中心に、優先的に考えていくという路線、そして「キリスト教基礎共同体」という運動に対しての基本的な承認がなされ、ラテンアメリカの教会全体はこの線で行くという姿勢が示されました。

しかし、このような動きはあまりにも共産主義的ではないかと危惧するところがあって、一九七九年、メキシコのプエブラで行われた第三回ラテンアメリカ司教会議では、革命的・共産主義的な方向になるのを抑えようという動きもありました。しかし、貧しい人を優先的に選択し、聖書の分かち合いやキリスト教基礎共同体を大切にしていくという基本線は変わっていません。

この司教会議はそう頻繁に行われるものではなく、一九九二年、コロンブスによるアメリカ大陸発見五〇〇年にあわせて第四回のラテンアメリカ司教会議が行われました。二〇〇七年ブラジルのアパレシーダで開催されたラテンアメリカ司教会議は、カリブ海の国々も加わって拡大したかたちで行われました。この会議のまとめの文章を作る作業の中心にいたのが、当時のブエノスアイレス大司教であったホルヘ・マリア・ベルゴリオ枢機卿、今のフランシスコ教皇でした。二〇一三年、フランシスコ教皇が教皇になられた年の秋に出された使徒的勧告『福音の喜び』には、「アパレシーダ文書」と呼ばれるこのラテンアメリカ司教会議のまとめの文章からの引用がかなりあります。現教皇がラテンアメリカの教会、その司教協議会連盟の大きな流れを受け取っているということは大切なことだと思います。

3　聖書の分かち合いと共同体の回復

このように、ラテンアメリカでは、貧しく、互いの関係もずたずたになっていた人々が、一緒に聖書を読むことによって共同体を取り戻していこうという動きがありました。この動きがラテンアメリカからアパルトヘイトの時代の南アフリカ共和国に伝わっていき、南アフリカの司教団が作ったＬＵＭＫＯという司牧研究所でとても豊かなプログラムになっていきました。聖書の分かち合いを基礎とし、それをとおしてキリスト教の小共同体（small community）と言われるものを作り、そこからその小共同体が集まって小教区という大きな共同体になっていく、というものです。その中でどのようにして求道者に教えを伝えるか、信徒の教育をしていくか、ということまで含んだ大きなプログラムになっていきました。

聖書の分かち合いのために、セブン・ステップス（seven steps）という方法が用いられます。南アフリカで作られたこのセブン・ステップスはアジアに伝わり、アジア司教協議会連盟（ＦＡＢＣ）の司牧に関する研究所（ＡｓＩＰＡ＝Asian Integral Pastoral Approach）がこれをアジア的にアレンジして提示しました。このプログラムはフィリピンなどいろいろなところで実践されていき、韓国の教会でも取り入れようとしました。ある時期から信徒が急増した韓国の教会は、司祭が信徒や求道者の教育をするのが追いつかなくなったところで、この南アフリカの方法を取り入れようとしたのです。これが韓国の「小共同体運動」です。日本では長崎教区や札幌教区でこれを導入しようという試みがなされました。セブン・ステップスの内容がどのようなものか、長崎教区で作った日本語の説明を紹介します。信徒が一緒に集まって行う、七つの段階を踏む分かち合いの方法です。

第一段階「主をお招きする」。集まったわたしたちの間に来てくださいと主に祈ります。

第二段階「聖書を読む」。長崎教区では次の主日のミサの福音でもよい、となっています。

第三段階「聖書の中で心に響いた言葉や句を選んで黙想する」。

第四段階「沈黙の内に神のみことばを聴く」。

第五段階「心の中で聴かせてくださった神のみことばをわかちあう」。「私はこの言葉、この句が心に響いた」ということを話し合い、そして「なぜそう感じたのか」ということを分かち合います。

第六段階「この集いの目的、今後の活動について、またはモットーに関する言葉について話し合う」。ただ聖書について感じたことを分かち合うだけはなく、ではそこからどういう行動に向かっていくのか、私たちはいったい何をしていったらよいのかということについて話し合います。

そして第七段階「自発的な祈りをする」。

こういう七つの段階を踏む聖書の分かち合いの方法が提案されて、いろいろなところで試みられてきました。聖書の分かち合いには、歴史的、世界的にみればこういう大きな流れがあります。

簡単に言ってはいけないかもしれませんが、聖書の分かち合いが成り立ち、現実に人々の大きな力となる背景には、非常に厳しい現実があったのではないか、と私は考えています。ラテンアメリカでは貧しさという現実がありましたし、南アフリカではアパルトヘイトの下で人権侵害、人権抑圧という深刻な問題がありました。そういう厳しい状況があるところでは、聖書の言葉は何の説明もなく響いてくるところがあるのではないでしょうか。日本にいると私たちは聖書を読んで、頭で理解しようとして、いろいろなことを考えてしまいます。

聖書というのは本当に厳しい現実の中に生きていると、とてもストレートに、何の説明もなく響いてくる言葉なのではないか、と思います。なぜなら、旧約聖書の根本にある経験は、三千年前のエジプトで奴隷状態になっていたイスラエルの民の苦しみを見、叫び声を聞き、痛みを知って神が近づいてきて救ってくださったという経験であり、新約においては二千年前のパレスチナでローマ帝国の支配、当時の宗教的なエリートによる支配によって、忘れ去られ、踏みつけられた貧しい人々がイエスの福音、「神はあなたを大切にしている」という福音を聞いて立ち上がっていったという体験が中心にあるからです。ですから、本当に厳しく苦しい状況の中では聖書に難しい説明はいらないのです。「聖書の分かち合いは先進国には向かないのかもしれない」という疑問が私にはどうしても拭えませんし、事実、いろいろな先進国で、聖書の分かち合いを試みましたが、なかなか定着しませんでした。

「二十世紀における共同体回復の取り組み」ということもお話ししたいと思います。ラテンアメリカだけではなく、どこの国においても伝統的な農村・漁村の共同体といったものは産業革命によって壊されていきました。その中で、人は身近な生活共同体を見失い、都会の中で「孤独な群衆」のようになっていきました。二十世紀は、人と人との絆を見失い、共同体が失われていった時代だと言ってもいいでしょう。

その中で、どのように共同体を取り戻していくかということを、二十世紀の人々、特にキリスト教的な社会の人々は試みてきたと思います。その一つは、今まで紹介した「キリスト教基礎共同体」で、一緒に聖書を読み、そこから光と力を得るというものでした。もう一つは、「自助グループ」です。これは、教会内の活動ではありませんが、キリスト教的なインスピレーションに基づいて始まったものです。今は、人が直面するあらゆる問題に関して自助グループがあるといっていいほど、広がっています。その始まりは一九三〇年代のアメリカ合衆国でした。ＡＡ（アルコール依存症の人たちのための自助グループ）が生み出した「12ステップ」という回復の歩みは、ほかの人々にも広まっていきました。伝統的共同体が失われ、人が人との絆を失い、追い詰められたときは飲酒に走ってしまうこともあり、それによってアルコール依存症という問題が起きてきます。今私がいる福島の仮設住宅や復興住宅でもそうした現実があります。自助グループは、「アルコール依存症」の人は「アルコール依存症」のグループで、「薬物依存」の人は「薬物依存」のグループで、「ギャンブル依存」の人は「ギャンブル依存」のグループで、といったように問題別になっています。問題別だから互いに痛みを分かり合え、自分だけの苦しみだけではないということが分かり、同じような苦しみを味わっている人と励まし合いながら、回復の道を歩んでいく、ということがあります。貧しい国では「貧しい」ということが共通した悩みですが、先進国では悩みが個別化しています。それぞれが抱いている悩みが違うので、分かち合っても共感し合えない、ということが起こってしまうのです。その意味で、問題別に集まる自助グループというのは、大きな力を持っていると思います。

三つめは「ラルシュ」のような共同体です。ラルシュは、ジャン・バニエという人が一九六〇年代にパリの郊外で、二人の知的ハンディを持った人と暮らす、というところから始まりました。知的障がい、精神障がいを持った人々と共に暮らす共同体で、今では、世界中にラルシュの共同体があります。ジャン・バニエは「最も貧しい人を中心に人が集まったところに共同体が再生される」と言います。これは、彼自身の経験でしょう。最も苦しんでいる人々を中心として人が集まってくるとき、現代人が見失ってしまっている人と人との生きたつながり、共同体の感覚が取り戻されていくというのです。それはたぶん、ラルシュに限らず、いろいろなところで起こっていることです。教会でも、何かのことで苦しんでいる人や助けを求める人がいたとき、その人を助けようと人が集まってきたとき、そこには新しい共同体が生まれてくるということがあります。今私がいる福島のカトリック原町教会では、二〇一六年「カリタス南相馬」というボランティアベースができました。そこには、東日本大震災と原発事故のなかで困難を抱えている人々のために、何かをしたいという人が集まり、そこにも新しい共同体が生まれてきています。

このように、私たちの生きている現代世界は共同体を見失った時代だとも言えますが、そのなかで何とか共同体を回復していこうという動きが二十世紀にあったのも事実です。

日本のカトリック教会における取り組みとしては、一九八七年に京都で開かれた第一回福音推進全国会議（NICE—1）を挙げることができるでしょう。いろいろな議論や体験を踏まえ、多くの人の意見を持ち寄り、教会の刷新のための提案を司教団に提出するという大きな集まりでした。NICE—1で出された提案と、それに対する司教団からの答えは『ともに喜びをもって生きよう』という文書になりました。それを今読み返してみると、驚くほど「分かち合い」が中心に置かれています。これからは、ヨーロッパで作られたキリスト教の教えを司祭が信徒に教えるという方法ではなく、自分たちの経験や悩みを分かち合うことを大切にしてキリスト者として成長していこうと繰り返し語られているのです。

NICE—1の後、分かち合いにチャレンジした教会もあったのですが、残念ながらそのほとんどはうまくいかなかったようです。一つの理由として、分かち合いの目的とルールが明確ではなかったことがあるのではないかとわたしは考えています。NICE—1の分かち合いの目的は「問題の解決」であると表現されていました。問題を抱えて教会に来ている人の苦しみを分かち合って、それを解決するということを目的にしたわけです。しかし、多くの場合、分かち合ったからといって問題は解決しません。分かち合いの目的を問題解決にすると行き詰まってしまうでしょう。また、分かち合いを行うにあたっては、「分かち合われたことの内容は他の場所で話さない」といったルールを設けてそれを守らなければ、翌週教会にいってみると、教会の皆が自分の問題を知っていた、ということになってしまいます。そうなれば誰も本当の悩みを話すことはできなくなります。そうしたルールを確認せずに分かち合いを行ってしまったということも、日本の教会で分かち合いが行き詰まってしまった理由の一つでしょう。

4　フランシスコ教皇の使徒的勧告『福音の喜び』の呼びかけ

「分かち合いをしましょう」と言っても簡単ではないということは確かですが、「それでも聖書を一緒に読み、分かち合う」ということを大切にしたいとわたしは考えています。

フランシスコ教皇の使徒的勧告『福音の喜び』の中には、聖書の大切さを強調している箇所があります。この使徒的勧告は、二〇一二年のシノドス（世界代表司教会議）で話し合われ、教皇に提出されたまとめに対する答えとして書かれたものです。教皇は個人的な意見を述べているのではなく、世界中の信徒・司教たちの意見を聞いた上で語っています。二〇一二年のシノドスのまとめは当時のベネディクト十六世教皇に提出されましたが、二〇一三年二月にベネディクト十六世教皇が引退されたため、実際に答えることになったのは三月に選ばれたフランシスコ教皇ということになりました。この使徒的勧告の内容は、一つのシノドスの答えとしては非常に長いもので、フランシスコ教皇が新教皇として教会をこのように刷新していきたい、というヴィジョンを示したものだと言えます。

二〇一二年のシノドスのテーマは「新しい福音宣教」でした。フランシスコ教皇はこの「新しい福音宣教」を非常に明快に定義しています。かつての福音宣教はまだキリスト教を知らない人にキリストを伝えることであるとされていました。しかし、新しい福音宣教は、①毎週日曜日にミサに来ている人、②洗礼を受けたけれども教会を離れている人、③まだキリスト教やイエス・キリストを知らない人に対して、と、すべての人が対象になっていると教皇は説明しています。

この新しい福音宣教の中で、聖書が大切だということを『福音の喜び』は語っています。

福音宣教全体は、神のことばに根ざし、それを聞き、黙想し、それを生き、祝い、あかしします。……神のことばを「ますますあらゆる教会活動の中心に置く」ことが絶対に必要です。聴いて祝うみことばが——何よりも感謝の祭儀の中で——、キリスト者を養い、内的に強め、日々の生活の中で福音を真にあかしすることができるようにしてくれます。わたしたちはもう、みことばと秘跡の間の古めかしい対置を乗り越えています。生きて働いておられるみことばを告げることは、秘跡を受ける準備となります。みことばは、秘跡においてその力が頂点に達するのです。

（『福音の喜び』174）

聖書の勉強〔study〕は、すべての信者に開かれていなければなりません。重要なことは、啓示されたみことばが、わたしたちのカテケージス〔教理教育〕と、信仰を伝えるわたしたちのあらゆる努力を、徹底的に豊かにしてくださるということです。福音化には、みことばに親しむことが必要です。また、教区や小教区、その他カトリックの諸団体には、聖書の学びに真剣に粘り強く取り組むこと、さらには個人や共同での霊的読書を促すことが求められています。

（同上175、〔　〕筆者注）

すべての信者が聖書の学びをしていかなければならず、そのことが新しい福音宣教には大切なのだ、ということが言われています。日本の教会の中でも、一緒に聖書を読み、一緒に祈るということがやはり大きな課題だと思います。

5　福音のヒントと聖書の集い

最後になりますが、私が試行錯誤しながら実践し、提案している聖書の集いについてお話ししたいと思います。具体的なことは省きますが、インターネットで「福音のヒント」と検索するとくわしい説明があります。

この聖書の集いを始めるにあたって、過去の経験に基づきながら、いくつかのことを考えました。

その一つは「分かち合いのルールをはっきりさせる」ということです。まず、「集いの場で聞いたことは他の場所では話さない」ということ。分かち合いが成り立つためには、そこで聞いた話はその場だけにとどめることが求められます。二番目は「支配するのは神の霊」です。誰かがボスになって「あの人の集まり」にならないように、ということです。三番目は「相手を批判しない、議論しない」ということ。それは一人ひとりの言葉を、思いをそのまま受け取ろうとすることです。こうしたルールをはっきりとさせることが大切だと思います。

「福音のヒント」で扱われる聖書箇所は、日曜日のミサで読まれる福音の箇所です。この朗読配分は、第二バチカン公会議後にできたものですが、ルーテル教会や聖公会とも近いものがあります。その点で、エキュメニカルな意味もあります。日曜日のミサで読まれる福音を皆で一緒に味わうことはもちろん大切なことですが、福音をそのまま読んで分かち合うには難しさもあると私は思います。聖書の原語（ギリシャ語、ヘブライ語、アラム語）は私たちの日本語とはまったく違う言語ですし、歴史や地理、文化や社会背景もかなり違うからです。そうした大きな溝を少し埋めることができれば、私たちはもっと福音書を身近に感じられるのではないか、と思い、各主日ごとに福音のヒントを作っています。それを使って、少しでも福音書の世界を身近に感じることができれば、と願っています。

分かち合いの目的（何を目指して分かち合いをするのか）もはっきりさせたほうがよいと思い、三つのことを掲げています。一つは「私たちの現実のなかに神が共にいてくださることを発見する」です。一緒に聖書を読むときに、なぜか神が共にいてくださると感じられるのは私自身の経験ですし、分かち合いをしている多くの人の経験でもあると思います。私たちは、キリスト信者がほとんどいない世界、もっと言えば神様なんかいないのが当たり前という世界に生きています。しかし、一緒に聖書を読むなかで、それでも神様は一緒にいてくださることを感じる、これが「聖書の集い」の第一の目的です。第二の目的である「聖書を分かち合うことを続けることによって、仲間ができていくこと」も大切です。さらには、「聖書を読み続けることを通して、私たちが霊的に成長し、人間としても信仰者としても豊かな者となっていく」、というのが私たちの最終的に目指すところだと思っています。

誰でもすぐに始められる聖書の分かち合いの提案をしていますので、もし関心があればインターネットで検索して始めていただければと思います。

むすびに

私は今、福島県南相馬市のカトリック原町教会の担当司祭をしています。仙台教区の平賀徹夫《てつお》司教は、東日本大震災の後、被災地の太平洋岸の教会に優先的に司祭を派遣してきましたが、司祭不足のために、だんだんそれも難しくなってきました。そうしたなか、私は福島第一原発から一番近い教会に司祭がいることの意味の大きさを考えて、特別な許可をいただき、そこにいさせていただいています。自分がいつまでいられるかは分かりませんし、自分が去れば、もう代わりの司祭は来ないだろうと予想できます。

司祭がいなくなった時、いまお話しした「聖書の集い」は本当に必要とされるようになることでしょう。信徒たちがみ言葉を中心として集い、み言葉から力を得ていく共同体が築かれていくよう願い、そのための準備をしています。

私たちは、産業革命に始まる「共同体の喪失」ということを経験するなかで、共に聖書を読みながら共同体を再創造していこう、というとても大きな試みのなかにいます。いろいろな場所でいろいろな形で、一緒に聖書を読みながら、私たちが神とのつながり、人と人とのつながりを回復していくという歩みを続けていくことができるよう願いながら、私の話を終わります。

「神の場」としての公共神学をどう理解するか？

原　敬子

問題の所在――二つの認識を揺れ動く

実践神学（Practical Theology）を志向したいなら、キリスト者の生きる現場で起こっている事柄から離れることはできない。言うまでもなく、キリスト者とは、この世を生きる者として「教会共同体とその全成員」であり、また、その使徒的使命が「ことばと行いによりキリストのメッセージを世に告げ知らせ、キリストの恵みにあずからせることにある」（『信徒使徒職に関する教令』6）ことからも、ここでいうキリスト者の生きる現場とは、地球上のありとあらゆる「場」ということになる。だから、実践神学を探究したいと思うなら誰でも、自らの生きる現場を離れることはできない。この場合、考慮しなければならないのは、信仰者以外の目からは、地球上のあらゆる「場」は「公共空間」と見なされているということである。キリスト者は、「公共空間」という自分の現場に「神の場」を透かし見ながら生き、働いている。では、このような「場」として措定される、一方では、客観的には一般的公共空間でありながら、他方では、キリスト者の主観的態度から眺望する「神の場」としての空間に対する二つの見え方の整合性を、現代、わたしたちはどのように認識し、理解することができるのだろうか。そして、この見え方の齟齬が存在するなら、どのように克服することができるだろうか。

まず、上記の問題の一つの例として次の文章を紹介したい。『わすれられない——復興支援の現場から』（「カトリック新聞」二〇一七年七月二十三日付の記事）と題された、認定特別非営利活動法人カリタス釜石副理事長の伊瀬聖子さんのカトリック新聞への投稿である。

「カトリック教会から派生したカリタスベース（ボランティア拠点）だが、時の流れとともに地元化が進み、いわゆる一般の市民が活動に参画している。

法人のアイデンティティーの中心ともいえる『キリスト教的愛の精神』を、信者でない人たちと生きようとすると、案外、難しいと思ってしまうことがある。教会共同体に属している私たちは、当然のように『神様』とか、『聖書にあるとおり』といった言葉を使う。相手はそれがどういう意味を含むか、何となくでも理解していると思う。

一方、ここ被災地の復興支援現場で『キリストのように考え、行い、愛する』という言葉は共通言語ではなく、むしろ、ほぼ通用しない。イエス・キリストを知らなかったり、聖書に触れたことが無かったりする人が大半を占めるのだから、至極当然かもしれない。例えば、『弱い立場に追いやられた人の側に立つ』という表現一つを取っても、何故その人を優先するか、うまく説明できなかったりする。

個々人の主義主張を曲げさせてこちらの思いを強制することはできない。ボランティアマインド（精神）を説明する時、『仕える人となる』という意味でも、『自身のためではなく他者の利益となることを』と強要することもできない。何を優先するかを決定付ける価値基準や信条は、万人に共通ではあり得ない。

『ボランティアって何？』『まだ被災者支援が必要？』『これ誰がやるの？』…、こんな日々の小さな選びや、ひとことを語るたびに、「どう説明しようか？」と悩み、迷う日々である」。

ここに述べられている通称「釜石ベース」について、筆者もベースの立ち上げに参加した関係上、そこがどのような現場であるかを想像することができる。二〇一一年三月十一日の東日本大震災直後、カトリック釜石教会とカトリック遠野教会の信徒有志たちは「小さなカリタス会」と称し、できることから活動を開始した。自分の家がそれほど大きなダメージを受けていなかった信徒たちは、このボランティア活動に積極的に参与していた。炊き出しはもちろんのこと、お風呂に入れない人びとのためにバスを貸し切り、内陸の温泉に連れて行った。まもなくして、この小教区の被災者支援の延長線上に、仙台教区サポートセンターからの関与があり、震災からおよそ三週間後の二〇一一年四月二日、日本全国から結集したボランティアたちの拠点として「釜石ベース」が誕生した。ボランティア拠点として各地から応援に駆けつけたボランティアたちの宿泊に解放されたのは、被災地の真っただ中にあったカトリック釜石教会である。教会の信徒の集まる信徒会館、会議室、食堂、そして、司祭の寝室までもが、ボランティアの宿のために差し出された。ボランティアベースがその後ＮＰＯ法人へと移行するプロセスには、どれほど市民から愛され、市民のニーズに応えてきたかという実績が大きく関係している。今では教会隣の駐車場スペース購入によって新たに建てられた建物にカリタス釜石の事務所を移したが、カトリック釜石教会との密接な関係は変わらず継続されている。

その後「NPOカリタス釜石」となった「旧釜石ベース」の運営に最初期から携わってきた伊瀬さんは、投稿の中で、被災地の復興支援現場におけるキリスト者と一般市民の間に結ばれるべき共通言語の欠如について指摘している。カトリック教会から派生したボランティア拠点において、釜石市民のための人道的支援を支える源泉はイエス・キリストの愛であり、聖書の教えである。この事実に相違はない。しかし、ともに働くキリスト者ではないボランティアたちにむかってはこのような動機を語れないと言う。たとえ語ったとしても彼らには理解できない上に奇異な印象を与えかねない。彼女は「何を優先するかを決定付ける価値基準や信条は、万人に共通ではあり得ない」と述べ、「悩み、迷う日々である」と全体を括っている。伊瀬さんの立ち位置に注目するなら、彼女は、冒頭に挙げた問題点、カリタス釜石が一般的な「公共空間」であると共に、キリスト者の眼から見れば「神の場」であるという二つの認識を揺れ動く、まさに、引き裂かれた中間地点に立っている人ということになるだろう。ボランティア拠点という一つの目的を有する場において、二つの視線が同時に注がれ、この状況に戸惑う人間の姿が立ち現れているのが分かる。

実際、このような一つの場における現状認識の齟齬が、釜石のボランティア拠点に限らず、さまざまな現場に起こっている事実は誰もが承知するところであろう。たとえば、学校教育現場一つとっても、医療現場一つとっても、あらゆる制度、組織（Institution）の関係する場では、多かれ少なかれ、このような問題に直面することは多い。わたしたち、キリスト者は「子どもたちの成長は大いなる神さまの愛に包まれている」、「病人の治癒はイエス・キリストの働きである」などと自然に言っている。目に見えるさまざまな喜びの経験を恩寵と言って感謝し、苦しみの経験については試練の時、十字架の過越しと言って、イエスの受難と重ね合わせる。わたしたちは実にこういったキリスト者の間ではごく当たり前のように用いられる言語を、時には積極的に用い、宗教教育として促進し、また、控えめに心の内に留めておくこともする。

しかし、ある時は、キリスト教を強調する言説として大いに用い、また、他の時には、控えめな態度を取るという方法で本当に良いのだろうか。ボランティア拠点でキリスト者として働く伊瀬さんの語るような悩みや迷いに実践神学はどのように応答できるのだろうか。

神の場——*Le Milieu divin* の思想

テイヤール・ド・シャルダンの主著の一つ『神の場』の原著は、一九二六年から一九二七年にかけて中国の天津で書かれたものだが、一九五七年になってはじめて日の目を見ることになった（テイヤール・ド・シャルダン『宇宙のなかの神の場』三雲夏生訳、春秋社、一九六八年、195頁。cf. Pierre Teilhard de Chardin, *Le Milieu Divin-Essai de vie intérieure*, Editions du Seuil, 1957）。一九二〇年代といえば、第一次世界大戦直後、人類最初の世界大戦の惨禍の中で人間の基盤が大きく揺さぶられた後、一九二九年の世界大恐慌、ヨーロッパのファシズム、東アジアの日本の軍国主義と大陸進出へと向かう世界規模の混乱の時期である。『神の場』は今から一〇〇年近く遡った時代に著された書であるが、二十一世紀になった今も、現場で戸惑うわたしたちの悩みを共有し、応答してくれる書として重要な意味をもつ。テイヤールは、『神の場』の中で、現代のキリスト者の否応がなく立たざるを得ない「キリスト教」と「世界」との対立、あるいはその矛盾を解決するため、「主観的態度」という認識の次元から、「能動的神化（La Divinisation des Activités）」と「受動的神化（La Divinisation des Passivités）」、その両方の構造的関係性を描写し、論じている。

この構造の説明に入る前に、テイヤールが射程に入れた主観的態度に関する神学的議論の周辺に存在したより一般的な議論、つまり、同時代のアメリカにおけるプラグマティズム運動（十九世紀後半以降、アメリカを中心に展開された反形而上学的な哲学思想。デカルト以来の意識中心の立場を批判して、行動を重視し、思考・観念の真理性は環境に対する行動の結果の有効性から実験的検証を通じて帰納的に導かれるとする立場。『大辞林（第三版）』より）の中でしばしば探究された宗教経験における主観的効用に関して述べ、両者に共通する論点を明らかにしておきたい。

ウィリアム・ジェイムズは『宗教経験の諸相（1901―1902）』（『宗教的経験の諸相（上・下）』桝田啓三郎訳、岩波文庫、一九六九―七〇年）において、宗教とは「個々の人間が孤独の状態にあって、いかなるものであれ神的な存在と考えられるものと自分が関係していることを悟る場合だけに生ずる感情、行為、経験である」とし、いわゆる制度、組織の枠を度外視した宗教経験というものを抽出した。これは、宗教学、宗教心理学という新たな学的領域の生成であり、一般的には、従来の神学とは一線を画すものとみなされている。しかし同時に、この探究を、凝り固まった制度としてのキリスト教の教会組織に落胆する人々に対し、宗教にも深い意味があることを再発見させた言説と考えるならば、神学の側からみても非常に有意義であると言える。特に、宗教的情緒の背後をさぐることが決してできないような「人の魂にしみわたる深い諧調」による祈りの存在を認め、このような神秘主義による理解が合理主義の主張に対立するものとする点は、ある意味で神学を擁護しているとも考えられる。つまり、ジェイムズの主張はいわゆる宗教の合理化ではなかったのである。

ジェイムズは、著書において、「宗教生活の特徴」に関して、(1)目に見える世界は、より霊的な宇宙の部分であって、この宇宙から世界はその主要な意義を得る、(2)このより高い宇宙との合一あるいは調和的関係が、私たちの真の目的である、(3)祈り、あるいは、より高い宇宙の霊――それが「神」であろうと「法則」であろうと――との内的な交わりは、現実的に業《わざ》の行われる方法であり、それによって霊的エネルギーが現象の世界のなかへ流れ込み、現象世界に心理的あるいは物質的な効果が生み出されるという、三つの主観的効用を述べている。宗教経験に対する人間の主観性の意義を認めた理解を示し、合理主義の言葉よりいっそう真実な次元として「意識下の生活全体」を認めよと主張しているのである。

また、新教育運動で知られるジョン・デューイは、長い間、キリスト教との距離を取りつつ、プラグマティズム教育を推進していたが、晩年、『人類普遍の信仰／誰でもの信仰（1934）』（『人類共通の信仰』栗田修訳、晃洋書房、二〇一一年）という主題で講演を行い、あらゆる宗派、階級、民族を超越した信仰の問題について述べている。

デューイの基本的立場は、「宗教（religion）」と「宗教的な性質、宗教性（the religious）」の間には違いがあり、さらに、後者の「宗教的な性質、宗教性」においても、「経験における宗教的要素（religious elements of experience)」と「宗教的経験（religious experience)」を区別するというものである。宗教と宗教性を区別する次元では、客観性と主観性の違いを明示し、後者の次元においてはさらに、主観性においても、友情や友愛という経験や美的経験、科学的経験、道徳的経験、政治的経験も含む意味での「経験における宗教的要素」と、ある特殊な対象（例えば、神）に対する信仰を立証するため、また、ある特殊な実践（儀式や修行）を正当化するために使用される意味での「宗教的経験」との明確な違いを示す。このような差異化を施した後に、特殊な対象への信仰の宗教的経験の解釈において決定的な役割を果たす制度（例えば、教会）や教義を、「ある特定の教義を植え付けるための装置」とし、次なる帰結を導く。つまり、特定の宗教形態としてのシステムを「宗教的経験」として埒外《らちがい》へと解放し、「経験における宗教的要素」がもたらす「よりよい働き」が救出されるならば、「多くの人が、人生において、より良い、より深い、永続的な適応をもたらす力をもつ経験は、一般に考えられているほど稀なものでも、珍しいものでもない、ふつうの経験である」と結論するのである。

　デューイはこのようにして「ふつうの経験」を、「人類共通の信仰」「誰でもの信仰」「普遍的信仰」の次元として呈示し、そのような「信仰」を、深く、永続的な基盤となる「態度（attitude）」と言い換え、そこから（1）「適合（accommodation）」（環境に適合すること＝自分を変えること）、（2）「適用（adaptation）」（環境を適用すること＝環境を変えること）、（3）「適応（adjustment）」（環境に適応すること＝自分と環境とを変えること）という三つの意味を引き出し、そもそも人間の態度には、明確に、内包的に、「宗教的」といえる態度があると主張したのである。

　ジェイムズとデューイ、両者に共通するのは、宗教のありとあらゆる制度的側面をはずして、主観的態度の次元から捉えた「宗教的な性質、宗教性」の在りようを明らかにした点であり、したがって、いわゆる宗教を否定するものではないという点である。このような経験は、けっして合理化されるようなものではない。一人一人個別な人間の根源的な存在事由にかかわる宗教性の領域を規定し、また、個別でありながらも、人ならば、誰でもの信（仰）という意味での了解可能な普遍性を有する広がりをもつものとして呈示している点が共通している。ともかく、彼らは、宗教の主観的効用を積極的に評価したのである。

ある意味で、『神の場』において展開されたテイヤール・ド・シャルダンのキリスト者の主観的態度を主軸とした神学も、ジェイムズやデューイのとった思索プロセスと同じような歩みをしていると言えないだろうか。

特に、デューイの場合、彼は、キリスト教とは距離を置きつつ新教育運動にその生涯を注ぎ、教育に関する多くの論文を残すが、晩年、人間成長の中核に倫理的、宗教的問題が強く関与していることに注目し、キリスト教を含めた信仰の問題に直面せざるをえなくなった。目に見えるかたちとしてのキリスト教に抵触することなく、どのように人の信仰の問題が語れるのか、それを探究した結果、主観的態度へ注目したためではないだろうか。もちろんテイヤールはキリスト教の枠を逸脱することは決してなかったが、探究の動機においては非常に近いものがある。

たとえば、彼は、『神の場』において、キリスト者の二重生活的な世界観を指摘している[1]。この世で、キリスト者として生きる上で、感覚を押し殺し、純粋に宗教的な活動のみに打ち込もうとするのか、逆に、教会や教えを遠ざけ人間らしく生きようと決意するのか、あるいは、自らは自分で判断することを放棄し、二重の生活を送るのか――。彼と同時代を生きたキリスト者たちが、いわば制度的宗教としてのキリスト教と、自らが暮らす世界とのギャップを感じ、立ち往生している姿を目の当たりにした時、本来、イエス・キリストの福音が人々を救済するという次元はどういうことなのか、その模索として主観的態度へ注目したのではないだろうか。

『神の場』は、初めから終わりまで、人間の生（la vie）という視座に貫かれている。しかもそれは、徹底的に人間として自らを内省する方法によって立つ視座である。そしてこの生の現場こそがテイヤールにとっての「神化（divinisation）の場」なのである。

人間の生を分かつ二つの面として、努力や発展の領域としての「能動性」と、自らを知り、自らを統御する射程を超えた底知れぬ暗夜、すなわちなすすべのない「受動性」が呈示されるが、この両者、能動性も受動性も、世界全体の営為と神の働きとに関係づけられ、人の主観的態度の立ち位置からはずれることはない。

まず、「能動性」において、人間の「労働」がどのようにして神の働きと関係づけられるかが述べられる。そもそも信仰を実践するキリスト者の十分の九は依然として、人間的な労働を「霊性の邪魔もの」、労働することと宗教的なことは相反するものと考えているが、そうではない。多くの人が自らをキリスト者と信じるために人間という衣を脱がねばならないと考えているが、彼らがもしも、人間的な労働の中に偏在する神の奔流を意識することができるならば、まさに、日常の労働においても「祈りや秘跡にあずかる時間のように貴重な時間があるだろう」とテイヤールは述べる。つまり、これは人間的努力を聖化していこうという一つの動きである。次の引用は、テイヤールの祈りにも似た視座と言えよう。

> ああ、この世のすべての運動を受肉という唯一の営みのうちに結びつけている深い繋がりの意味に人々が目覚め、どんなに底辺的な労働でも宇宙の神的な中心によって受けいれられ利用されるのだという、以上の明白な見解に照らされずには物事に献身しえないような時代が来たらんことを！
>
> まことに、こうした時代においては、修道院内の生活と、時代の先端をいく生活とを分つものはほとんどなかろう。――そしてこの時代において天の子の行為は（時代の子の行為と共に）彼らの人間性が望むところの充足に達するであろう。
>
> （テイヤール・ド・シャルダン『宇宙のなかの神の場』、49頁）

さらに、「キリスト教は信者を社会全体に融合させるどころか、孤立させるもの」と考えられている風潮が存在することへの懸念に向けて、キリスト教的な努力を逆に人間化していこうという動きが示唆される。そもそも「キリスト教はまことに、われわれが現にやっていることに意義と、魅力と、新たな親近性を与える力にみちたいのちである」。キリスト教の目指す方向性は、より人間らしい人間に成っていくことなのである。

次に、「受動性」の範囲の深さが述べられる。

注意してみれば、われわれの思考や、自由によるものはわれわれのうちのほんの些細な部分でしかないことを、一種の恐れをもって知らされるだろう。われわれは自らを知り、自らを統御する。しかしそれは信じられないほど僅かな範囲においてのことである。その射程を越えれば直ちに暗夜が始まる。底知れぬものだが、しかもそこには現存に満ちている。――それはわれわれなしに、われわれの意に反して、われわれのうちや周囲に存在するすべてのものという闇である。

(同上、63頁)

テイヤールは、「受動性」という、一見、人間には為す術もないように見える状態に関しても、そこに人間の主観的態度の在りようを認めていく。受動性には「増大の受動性」と「減少の受動性」がある。「増大の受動性」とは、闇の奥底から響いてくる「わたしだ、恐れるな」という神に保証された福音の声を聞き、人間の「内面性」に奥深く宿る生命の根源へ、また、宇宙の大きさが我らを抱きしめるような「外面性」へと自らを開き、委ねることである。「減少の受動性」とは、外面からの迫り来る「不幸」、「立ち止まらせる柵、立ちはだかる塀、道をそらせる石ころ、心を砕くもの、あらゆる種類、あらゆる程度の偶発事や事故、無数の厄介な干渉(わずらわしさ、ショック、切断、死……)」と、内面からの「人生のもっとも暗い、絶望的なまでに役に立たない残り滓」、「生まれつきの欠陥、肉体的、知的、精神的な弱点」を受け、「死」へと向かっていくことである。

テイヤールの説明する「神の場」の構造的描写は、このように人間を取り巻くあらゆる現象と人間との関係性の内に織り成されたものである。テイヤールは、その世界像を「いともやすやすと、もっとも対立していると思われる諸性質を自己のうちに集め、調和している」（120頁）ものとみる。外在にして内在とでも言うべきこの視座を「源泉」とし、「神はすべての現実を収斂する究極の点であるからこそ、われわれの模索に対して、いたるところに普遍的な場として発見されるのだ」（122頁）と説明する。あらゆる被造物が、まるで「割れた鏡の断片の中に写る太陽のよう」（122頁）であると言う。わたしたちが皆、さまざまな在りようをもつ多様性に散逸していようとも、一者の写し鏡であるという究極の点を強調し、その同じ一つの現実に「神の場」を定位させるのである。テイヤールが「普遍的中心」とするこの根源的な場を、あらゆるものが持ち備えている。その根源ゆえに、わたしたちに普遍的中心の光が注がれていると言う。

> 神の場はどんなに巨大なものであっても、現実には一つの中心である。したがってそれは中心としての特質をもっている。つまり、それは何より、その中核ですべての存在を統合（結果として成就）する絶対的、究極的な力をもっている。神の場において、宇宙のすべての要素は、そのもっとも内的で、もっとも決定的なところによってふれ合うのである。（中略）またそこで、それらは互いに出会いつつ、人間的関係の根本的な障碍となる相互の外在性や不整合性を除去する。（123頁）

このようなテイヤールの世界観、すなわち、人間の精神を含めた主観的態度という内在と、物質を含めた人間を取り巻く被造界としての世界という外在が、一つの現実のうちに中心点として、また、

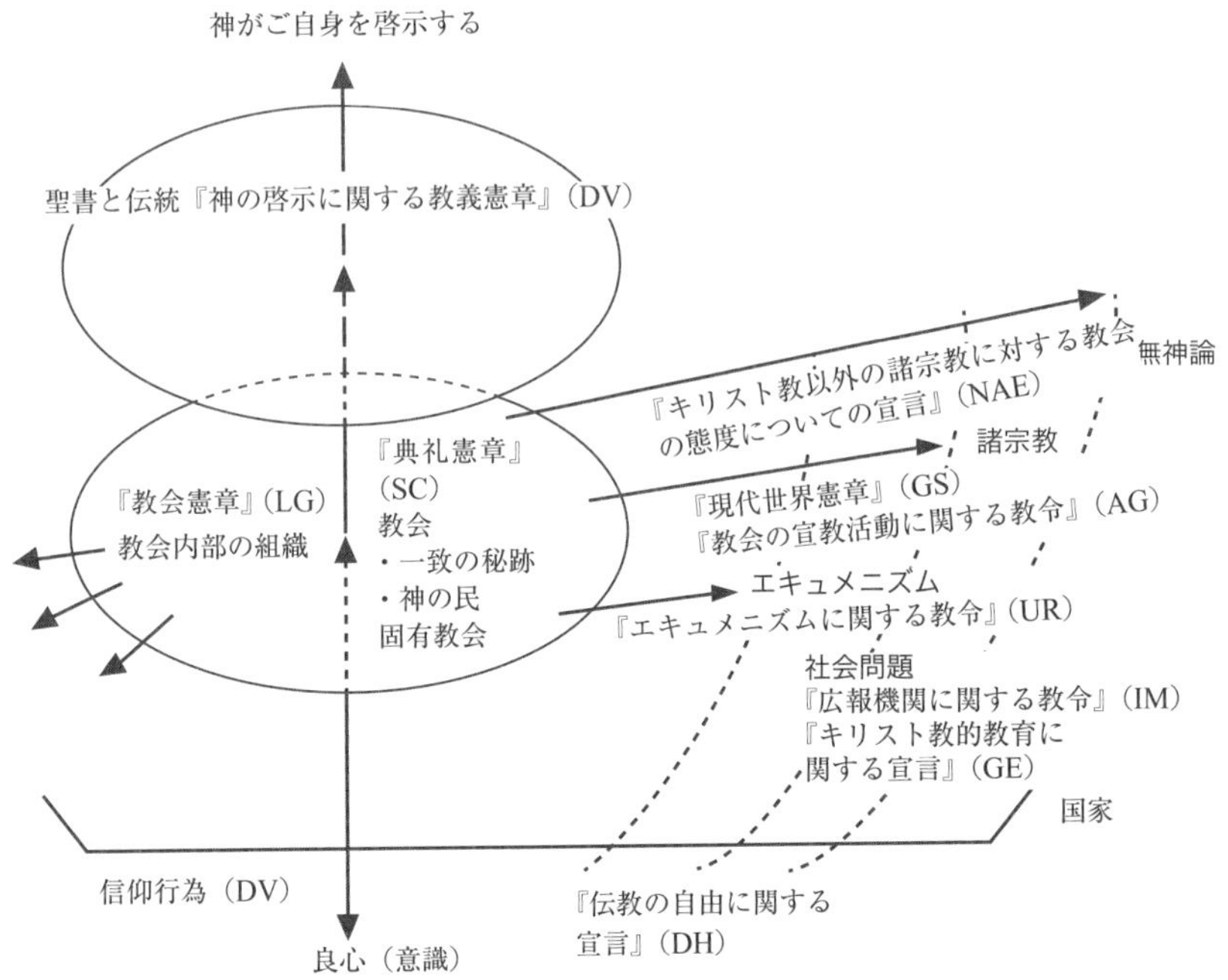

【図1】第二バチカン公会議の構図

究極点として融合するというアイデアは、まさに、第二バチカン公会議における『啓示憲章』に引き継がれたアイデアと言えるだろう。『神の啓示に関する教義憲章』（DV）において呈示される「啓示」は《神の自己啓示》（auto-revelation）である。この語法は、聞き手を神へ、神の秘跡であるキリストの人格へと求心的に向かわせる。「神が、キリストによって、聖霊のうちに、自分自身を啓示する」（DV第一章2）。図1のように、中心の直線の上方は「神がご自身を啓示する」であり、下方、人の「意識／良心（conscience）」に向かって一直線に延びている（*Vatican II, L'intégrale, Edition bilingue révisée,* Introduction de Christoph Theobald s.j., Bayard, 2002）。神と人との対話の場が人間の主観的態度の内に規定される、つまり、「見えない神がそのあふれる愛から友に対するように人々に語りかけ、彼らと話を交わす」場なのである。テイヤールの述べる「神の場はどんなに巨大なものであっても、現実には一つの中心」という言葉をわたしたちは軽視できない。割れた鏡の断片、一片一片に、太陽の輝きが反射するように、一人一人の人間のうちに神と意識を結ぶ直線は引かれており、一人一人の内に引かれた無数の中心軸という直線が拡がる多元性のうちに、けっして合理化も相対化もできない「神の場」が存在するということなのである。

公共神学へ

したがって、この世界が「神の場」であるという認識を自己のうちに内面化したキリスト者がさまざまな場所へと出かけて行って、さまざまな人との出会いのうちに思う存分に働くということ。そして、そこから、その働きの内実を深く思索するということ。言ってみれば、そうしていいのであり、逆に、そうしなければならない。つまり、「公共空間」と「神の場」の揺れ動く境界線上での熟考を諦めてはならないのである。このような立ち位置において探究する分野は、近年、「公共神学（Public Theology）」（Kevin Ahern, eds., *Public Theology and the Global Common Good - The Contribution of David Hollenbach, S.J.*, Orbis, 2016）と呼ばれ、実践神学という領域以上にフィールドの措定が明確化されている。おそらく、このような自己定位の明瞭化の上での神学探究が、冒頭に紹介した伊瀬さんのような働きをする人びととの協働にもつながるのではないだろうか。「何を優先するかを決定付ける価値基

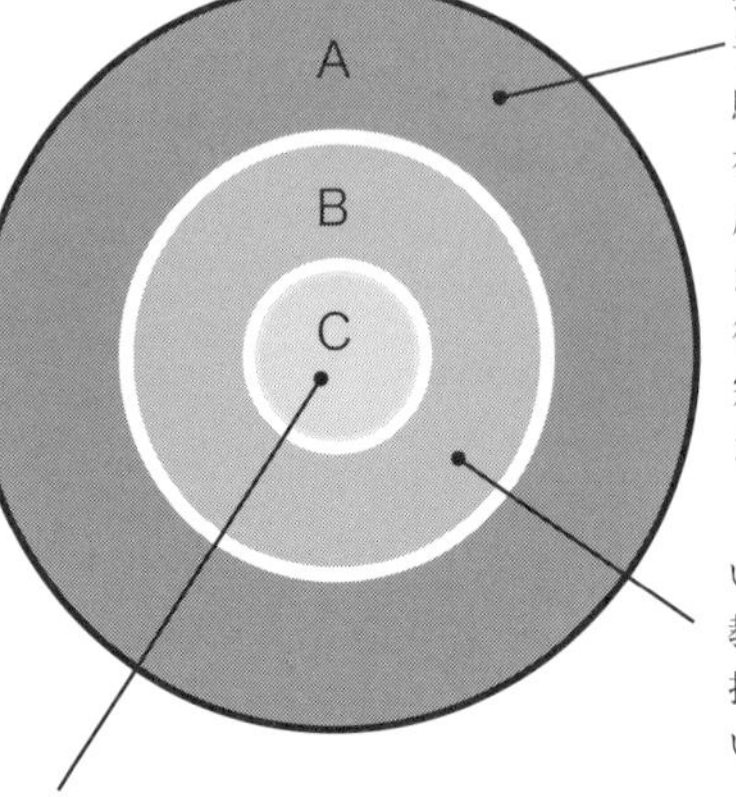
技術的、社会的世界観：未来を予測し、予測に見合った計画を立てる。知性を駆使して様々な技術を発展させる消費社会。「良いこと」として開発し、発展させるが、その結果、負の遺産をもたらすこともある。よりよく生きる技術（福祉・医療・ケア）もこの次元。宗教的な次元でも大きく影響される。たとえば、教会の制度もその一つ。
いわゆる言語 / 文化の世界。キリスト教はある種「信条」というべき言語を持つ。それは歴史の中で培われてきた。いつも「みことば」の問題がある。
はっきりと限定され、固定化された「信条」に、いつも、必ずしも、一致するわけではない次元がある。しかし、ここにこそ信仰の核心であり、この次元こそ教会共同体が守るべき世界……。

【図2】

準や信条は、万人に共通ではあり得ない」と、同じ仕事のフィールド内の協働者とキリスト者の間に線引きせざるを得ない窮地に追い込まれている伊瀬さんにむかって、公共神学は新しい視座を提供できるのではないだろうか。

　人の主観的態度と社会的次元との関係を扱う公共神学に、神学としてのアイデンティティーが保証されるためには、テイヤールの「神の場」の神学のような外在にして内在という問題を、現代の解釈学的理解に即して考慮する必要がある。二〇一六年に初めて出版された、ポール・リクールが珍しくキリスト教に関して講演した『教会のユートピアのための弁論 *Plaidoyer pour l'utopie ecclésiale*（*1967*）』では、いわゆる「非神話化（la démythologisation）」、すなわち、キリスト教的言説内部にありつつ史実からはかけ離れた内容に関して精査する作業の必要性に加え、この作業の外円に存在する社会的次元において「非神秘化（la démystification）」の作業が必要だと主張している（Paul Ricoeur, *Plaidoyer pour l'utopie ecclésiale (1967)*, Editions Labot et Fides, 2016）。筆者がリクールの主張に従って作成した図で説明したい。

つまり、ポストモダンにあるわたしたちの社会は、ある種、技術的世界観に染まっている。当たり前のように未来を予測し、予測に見合った計画を立て、知性を酷使してさまざまな技術を発展させる。技術的世界観では、良いことという題目の上に物事を開発し発展させるが、その一方で、それが負の遺産をもたらすこともある。もちろん、福祉・医療・ケアの領域もこうした技術的世界観に大いに影響されている。こうした技術的世界観は、図2で言えば、最外円のAにあたる。教会の制度にも関与し、また、人の宗教的経験のレベルへの影響も大きい。技術的世界観をあたかも教会の外とし、教会の外はいわば世俗であり、教会とは関係のない世界とする見方ではなく、教会の外であろうが内であろうが実際に技術的世界観が起こっているとする見方をすべきである。図2中のBの「信条」に関わる次元では言うまでもなく、「非神話化」の作業が求められる。リクールの主張の興味深い点は、最も内円に存在するとした「固定化された信条に必ずしも一致するわけではない次元」（C）こそ教会共同体が守るべきだとする点である。この次元に関して、これまで見てきたジェイムズ、デューイ、テイヤールらの認識が共通しているのは、誰でもの信仰の次元であり、主観的態度の次元であり、また、そここそが神の場であるという点である。リクールは、キリスト教が外とみなしていた社会的次元に対しても、キリスト教内部で行う非神話化の解釈学的作業と同様の切り込み方が必要だと主張した。そこでは、主観的態度、意識の次元が考察のモデルであることは言うまでもないが、さらには、教会共同体は教会内部にだけ、解釈学的作業を施すのではなく、社会全体に散在するあらゆる信仰の核心を守るべく、あらゆる外部に向けてもその作業を働きかける役目を担うとしている。

最後に、公共神学（Public Theology）という名称を用いた二つの研究を紹介し、今後の研究の方向性として提示しておく。

「貧しい人々からの学び」と題されたフランス人神学者カッタの論文は、「教皇フランシスコの貧しい人の優先的選択の深化」の背後にある思想を論じたものである（Grégoire Catta, sj, "Learning from the Poor - Pope Francis's Deepening of the Preferential Option", in Kevin Ahern et. eds., *Public Theology and the Global Common Good - The Contribution of David Hollenbach, S.J.*, Orbis, 2016）。貧しい人々の声を聞く重要な点を四つ述べ、貧しい人が置かれているところを神学的思索の場として措定している。（1）そこは、世界の状況において何が誤っているのかを診断する場所として有効であること。（2）また、純粋に知的探究ということではなく、人間の感覚的かつ親密さの働く全人格的な作業を必要とする場であるということ。（3）その場合、「一般の人々（popular）」の信仰心や文化を通して、貧しい人々の声を聞かねばならない。なぜなら、それらは聖霊の実りであると同時に、神学の座（locus theologicus）となりうるからである。（4）貧しい人々の声を聞くことは「寄り添いのアート」（art of accompaniment）であり、教皇フランシスコも『福音の喜び』の中で「傾聴と同伴の固有性」を強調している。奉仕者は「キリストの香りとキリストのまなざしを相手に示す」（『福音の喜び』169）。つまり、こうして、奉仕者の使命の中心にある「謙遜さ」を浮かびあがらせているのである。

もう一つは「翻訳、対話、あるいは、ホスピタリティ？」と題された、アメリカの倫理学者ブリザートンの論文は、なぜ公共の場での取り組みにおいて神学的な考察が必要かという問題について論じている（Luke Bretherton, "Translation, Conversation, or Hospitality? Approches to Theological Reasons in Public Deliberation", in Nigel Biggar and Linda Hogan, eds., *Religious Voices in Public Places*, Oxford University Press, 2009）。公共的理性と私的理性をめぐるロールズとハーバーマスの議論において構築されたモデルへの代替案として、ブリザートンは、キリスト教特有の視点から公共的行為に対する神学的理性の場からの枠組みとして理解されるホスピタリティ・モデルを提案する。公共空間における倫理構築に向けて議論を行う場合、実践理性から派生したさまざまな試みとは異なり、キリスト者にとっての倫理とは、常に、イエスと異邦人との関係性を想起させるものであり、その源泉には、神の愛の物語（聖書に記された）と初代教会におけるキリスト者たちのホスピタリティの実践がある。それは、対話モデルをさらに精錬するものとし、キリスト者のより人間的な次元における主観的態度の理解を深化させることを可能とするものである。このような次元におけるホスピタリティはもはや倫理的行為にとどまらず、聖性の実践であり、イエス・キリストの再臨を希求する終末論的理解のうちに継続される。隣人を受け入れ続ける徹底したホスピタリティの実践が聖性と重なり合う地点における神学的内省こそ現代、私たちが行うべき考察であるとしている。

最後に、以上の考察をすべて花束にして、カリタス釜石の伊瀬聖子さんに心からのエールとともに贈りたい。東日本大震災が辛く悲しい出来事であったことは今でも変わりなく、私たちの心身に刻まれた傷であり、この痛みが消え去ることはけっしてない。けれども、私たちにはテイヤールが残してくれた「神の場」という一つの概念がある。もし、岐路に立たされたなら、「神の場」と一言、心の中で呪文のように唱えれば、私たちの信仰の内省方法、隣人への愛の実践の仕方を、今日、私たちが生きる日常の真ん中に創造させてくれるにちがいない。その場こそが、今日、イエスが生き、活動しておられる場なのであり、神のいのちの源泉なのである。それほどまでに、「あなた」という人のうちに「神の場」が据えられていることを忘れないでほしい。

注

（1）「第一は感覚的なものへの愛着を押し殺して、純粋に宗教的な活動以外には関心を払うまいとするキリスト者の態度である。そういう人は地上のものをできるだけ排除することによって、神がかった世界に生きようとするものである。第二は自分を束縛する内面の葛藤にいらだち、福音の教えを遠ざけ、人間らしい、真実の生と思われるものを送ろうと決意するものである。第三の一番ありがちなケースは、理解することをやめ、神だけにも、事物だけにも決して打ち込むことをせず、――自分の眼には不完全で、他人の判断にも不誠実な二重の生活を送ることに甘んじる態度である。ここでわたしは自分が経験したことについて話していることを忘れないでほしい」（『宇宙のなかの神の場』、25頁）。

壁を超えて、繋がる人――ヘンリー・ナーウェン

酒井　陽介

キリスト教の歴史を振り返ってみると、苦しみ悩む人間のこころと向き合う「魂の配慮」に特別な関心を寄せ、真正面から取り組んだ人たちがいました。こころと信仰の関連というテーマは、決して今に始まった問題ではなく、五〇〇年以上前にすでに始まっていました。実際は、そのずっと以前に、旧約聖書のなかにも、そうした例はいくらでも見いだせます。詩編は、言ってみれば人間のこころの語りであり、祈りです。

さて、中世からルネサンス期に移行しつつあった当時のヨーロッパで、こころの動きやこころの中に語りかける神の存在について語った人たちがいました。マルティン・ルターやイグナチオ・ロヨラなどです。また、現代にあってヘンリー・ナーウェンは、その系譜に連なる一人だと思います。ルターやイグナチオから五〇〇年たった今でも、私たちはその問題にどのように向き合うべきかを変わらずに突きつけられています。

ルター、イグナチオ、そしてナーウェン

マルティン・ルターは、言ってみれば、硬い岩盤のようであった当時のカトリック教会に穴をあけた人です。勇気ある行為を後押しする様々な人間的、政治的な意図も働いたと思われますが、根底からルターを動かしていったものを考えると、そこにはルターの固有の神体験、彼が言うところの「いつくしみ深い神の恩寵」の体験のなかで、独特の霊的洞察があったと言えるでしょう。それが、ルターを内側から突き動かすに至ったのです。彼が、自分のこころを精査し、深く内省するなかで自分が召されている方向を見出し、そこから逃げまいとして対峙した気がまえは、やがて教会における新しい運動に発展していきました。まだ心理学という学問体系のない時代にルターは、ある意味とても「心理的」な感性を持ち合わせ、内面から感じ取った信念をもとに行動を起こしました。

彼とほぼ同時代、カトリック教会の中にも「心理的」なセンスに優れていた人たちがいました。その一人がイグナチオ・ロヨラです。のちにイエズス会を創立するこの人もまた、人間の魂の問いかけを突き詰めていきました。ルターが一五一七年に宗教改革の狼煙をあげた時には、イグナチオは、まだ宮廷と戦場で名をあげるのに一生懸命な野心家の若者でした。当時は、改名する前で、イニゴという名であったこの若き野心家は、ナバラ王国（現在のスペイン北東部）のパンプローナで大砲を右足に受けたことで、夢破れ、そこから彼の回心の道のりが始まりました。こともあろうに、敵軍のフランス軍に介抱され、無念な思いを抱え、居城のあるバスク地方のロヨラに戻ってきました。絶望的な状況に置かれた彼は、自分が思い描いていた戦場における殊勲と大きく異なる現実に忸怩《じくじ》たる思いをか

かえていました。病床にあったとき、手元にあったキリスト伝と聖人伝を読みながら、自分のこころの中に起こる、二つの夢想を味わい始めます。宮廷に戻り、功績を挙げ、意中の貴婦人に仕える空想と、全てを投げ打ってキリストに仕える空想。そのうちに、不思議とこころの中で起こる感情の変化や拮抗する動きに少しずつ注視し始め、神とは、キリストとは、何者なのかを、慰めを感じたり、抗ったりしながら探っていきました。その後、彼は一年余り、マンレサの洞窟にこもり、こころの奥底から聴こえる呼びかけをじっくり思い巡らし、それらと向き合いました。心理学のない時代に、彼は自分の中で起こる霊的・人間的体験を元に、こころの反応と霊の動きのプロセスを体系化していきました。それをまとめたものが、聖イグナチオの「霊操」（スピリチュアル・エクササイズ）です。彼は自分の魂の動きと霊の動きが連動していること、すなわち、こころが動く時に、どうして霊的な慰めと喜び、そして時に霊的な荒みやざわつきを感じるのだろうか、それは一体どこから来るのだろうかといった、こころの動きと霊の関わりについて妥協なく見つめていきました。これは、カウンセリング目的ではなく、霊的識別（または霊動弁別）と言われる霊の導きを祈り探し求める体験に欠かせないプロセスとなっていきます。

そして、今回扱うナーウェンは、こころの問いかけと信仰は切り離せないものであることを自分の体験を通して訴えました。しかし、こころの問題と信仰（信仰生活）の関係を考えることは、霊的な体験を過度に心理学的に解釈したり、こころの病を単純に霊的に処理したりすることとは、全く異なります。前者は、神の霊の働きの領域を都合よく解釈する可能性がありますし、後者は、病状を悪化させる危険性もはらんでいます。いたずらに二つの領域を掛け合わせるのではなく、神のいつくしみの働きと不自由さを抱えている人間の現実を理解しながら、混同することなく、また過度にどちらかに偏ることとなく、冷静な判断力と霊的事柄への理解をもって取り組むことが必要です。ナーウェンは、これらの体験や出来事を決して短絡的に一絡げにはしませんでした。彼は、自分のこころの葛藤と祈りの体験の「フィルター」を通して読者に語りかけ、人間のこころと信仰の結びつきを探りました。時代と歴史的背景は違えども、そうしたこころに語りかける神への信仰はルターやイグナチオと同じでした。このように、自分の魂の問題を徹底的に見つめていく時に、そこに神の思いと人間の思いが交錯し、その時、人間のこころには、神の思いへの調和の希求と同時に葛藤があることを教えてくれるのです。

ヘンリー・ナーウェンの横顔

ナーウェンの人生の歩みに目を向けてみましょう。一九三二年、彼はオランダの伝統的なカトリック家庭の四人兄弟の長男として生まれました。父親は、商法を専門とする法律家、弁護士で、大学でも教えるとても厳格な人でした。母親は反対に、とても温かく、愛情深かったそうです。母親は家庭で子どもたちに祈りを教え、一番大切なことは、いつもこころにイエス様を迎え、彼の導きを見失わないことだと教えてくれたとナーウェンは言っています。彼は小さい頃から憧れであったカトリック司祭になるべくユトレヒト教区の神学校に入り、司祭養成を受けます。そして一九五七年、教区司祭として叙階されます。ナーウェンの人生の境目がこの直後にあります。本来、教区司祭であれば、小教区に派遣されますが、ナーウェンの場合は違いました。旧態依然としたカトリック教会とそれを取り巻く現代世界との間に少しずつ歪みときしみが起こり始め、人間のこころが組織や慣例に置き去りにされていく状況の中、彼は信仰生活における心理学の必要性をいち早く感じていました。さらに、心理学が司祭職の奉仕のために不可欠であり、神学と心理学の統合の必要があることに気づいていました。そこで彼は、第二バチカン公会議で謳われたアジョルナメント運動（カトリック教会の現代化と現代世界への適応）の中心人物の一人となるアルフリンク大司教（のちの枢機卿）の許可のもと、その後一〇年近くオランダとアメリカ合衆国で心理学の研究に邁進します。そして、彼は自分の活躍の舞台をそれ以降、北米に移し、ノートルダム大学、イエール大学、ハーバード大学等で心理学や司牧心理学などを教えていきます。当時、アメリカのキリスト教、特にプロテスタント系の大学では、神学と心理学の関係の重要性に関心をいだき始めていました。やがて彼は、自分の抱えていた疑問と学生たちとの意見交換の経験を基にして最初の著作となる『Intimacy（親密さ）』を出版します。しかし、孤独な学究生活と教授たちとのアカデミックな、そして政治的な競争の中で、彼は居場所を見失い始め、疲弊していきます。

そんな中、一九七二年と七九年の二回にわたって、約半年間ずつ、ニューヨーク州の郊外にあるトラピスト会のジェネシー修道院にこもります。大学のサバティカルを利用して、修道士たちの日常と変わらない生活、すなわち労働、祈りに従事しながら、自分のトラピスト会における召命も識別していきますが、そのなかで彼は神の招きはここではない、人々の中に戻るべきだと悟っていきます。長期にわたって、彼が大学で教えることから身を引いて、祈りと振り返りに専念することは、とても大切な意味合いがありました。それが、のちに、世に自分の経験を綴って、伝えていくきっかけになったからです。この頃から、学究成果を論文で発表しないといけない、教授同士のライバル意識といった非常にドライな大学世界の中でどのように生きていくべきかといった、まさに中年期の心理的危機（ミッドライフ・クライシス）を体験し、彼の葛藤が始まったと言えます。そして、人生におけるそうした悩みを真摯に受け止めにいく時間をジェネシー修道院で持つことができたことが、心の内面の葛藤を赤裸々に綴る彼特有の分かち合いの仕方の始まりとなります。

しかしその期間が過ぎても、彼の悩みと葛藤は止むことがありませんでした。私たちの世界では、ぶれないことが大切だと言われますが、ヘンリー・ナーウェンは、たいへん「ぶれる」人でした。そんな彼に共感を覚え、安心する人は少なくはないでしょう。多くの場合、私たちのこころも揺れ動くからです。思いとは異なる現状に疑問を持ったり、悩んだりするのが私たちの日常だろうと思います。ナーウェンは、その後も様々な形で「ぶれ」を体験していきます。しかしそれは決して、あれもこれも、といった未熟な意味での自己実現的な発想や迷いではなく、真摯に自分のこころの望みと神の思いは一体何かと問いながら、こころの内側の声に耳を傾ける行為でした。そうして徐々に、勇気をもって一歩踏み出すことができるようになっていきました。その一方で、彼の関心は中南米に向けられます。当時アメリカ合衆国政府と中南米諸国との関係は明らかに矛盾に満ちていました。ナーウェンが、この目で中南米の人々の現状を見たいと実際にラテンアメリカに行き、そこで中南米の人々が喘ぎながらも、前進する「生きること」の新しい意味を肌で感じた体験は、彼のメッセージに社会的な側面への奥行きを与えていきました。その後、ハーバード大学からの招聘を受け、教壇に戻りますが、中南米帰りで現地の人々の息遣いに触れてきた彼は、純粋な学問的世界に馴染むことができませんでした。そこで、さらに深い自己探求のプロセスに入っていき、ラルシュ運動（ラルシュとは、フランス語で方舟を意味します。ジャン・バニエが一九六四年に、施設や病院での生活を余儀なくされていた知的ハンディを持つ人々とともに、共同体生活を送ったのが、この運動の始まりです）の創始者であるジャン・バニエに出会います。ナーウェンは言います、「ハーバード大学がなければ、おそらく、私にとってラルシュはなかっただろう」（『明日への道――ラルシュへと向かう旅路の記憶』より）と。ジャン・バニエから声をかけられて、フランスにあるトローリー共同体に向かいます。そこで彼は、初めて自分の居場所を見つけました。

その後、正式にカナダのラルシュ・デイブレイク共同体から招かれ、ラルシュでの生活が本格的に始まり、全く逆の価値観の世界に身を投じていきました。今までは、世界の精鋭たちに教えることが彼の日常でしたが、今度は、様々な障がいを生きている仲間と分かち合う毎日となりました。食事の準備から、着替えの手伝いまでをする生活様式の百八十度の転換がありました。そこで初めて、ナーウェンは、具体的に人と人が真正面から信頼と親しさを生きることの難しさと同時に、それが人間にとって一番根底にある存在意義なのだということを体験しました。そうしたなか、一九八七年から八八年にかけて、あるとても大切にしていた友情に、ひびが入り、それが原因でこころに大きな痛手を負い、鬱に陥ります。しばらくラルシュから離れて、治療に専念します。これは彼が、今まで避けてきた根本的な問いかけを真正面から問われる体験となりました。どこに自分の拠り所を持つのか。どんなに信頼と愛を感じていても人は、自分の思いを全て満たすことはできない。それならば、どのように自分は愛を生きることができるのだろうかと、時間をかけて思い巡らしました。そうしていくうちに、ラルシュの仲間たちとの共同生活のただなかに神がいて、自分たちを導いてくださるという洞察を得、ラルシュ共同体に復帰します。そして一九九六年九月二十一日、休暇で訪れた滞在先の母国オランダで心臓発作により帰天します。享年六十四歳でした。

ナーウェンの霊性（メッセージの特徴）

ナーウェンのメッセージの手法は、一言で言えば、自分自身と、そして自分と他者との関わりのナラティブ（語り）です。彼は、語りの名手です。書くことも含めて、平易な言葉で、物語ることに長けていました。さらに、彼は、自分の内面を正直に綴ることができる能力を持っていました。能力という言葉よりも、語りかける相手を信頼することができたと言ったほうがいいかもしれません。自分のこころの内面に起こる様々な動きや自身の信仰について誠実に書き出し、それを分かち合っていく点もルターと似ているかもしれません。発達心理学者のエリック・エリクソンが、著書『青年ルター』の中で若きマルティンの悩みを、人間発達の観点から分析しました。その中に次のような文章があります。「人々の前で、自分の思いを語らざるを得ないという経験によって、マルティンは自分の言語表現の豊かな広がりを自覚し、葛藤しがちな自分の性格に対する勇気を得た」。ナーウェンとルターには何かしら近い気質と手法があったのだと思われます。語ることで、書くことで、自分の言葉が、非常に力強く、人間の真実や本質的な体験を捉え、伝える道具に成りうることを二人は自覚していったのではないでしょうか。ナーウェンは、決して書くことをやめませんでした。人々と出会って、交わって語ることをやめませんでした。彼は、書くことによって、救われたと、記しています。鬱状態で苦しんでいた時に、それでも彼は、湧き出るこころの思いを書き溜めていきました。それが後に『心の愛の奥の声』という本になっていきます。

ナーウェンは、人生の意味の探求を諦めることなく、掘り下げていきました。そこには信仰、孤独、痛み、愛、友情、連帯、共同体といったテーマがあり、自身の迷いを包み隠さずに、誠実に綴っていきました。彼のナラティブを読む時に、私たちは自分の中にある迷いや疑問を彼の生きた葛藤の中に見つけることができる、不思議な体験をします。うまく言葉にはならなかったけれど、言葉にしたかった思いはこれだ、あの時体験した深い闇にはこういった意味があったのだ――このように、心の奥底で感じた喜びを味わい直す体験ができるのです。その時、読者はナーウェンに同伴されているような感覚を覚えます。ナーウェンの本が読まれる背景には、この人は自分のことをよく分かってくれる、応援してくれるという感覚があるのかもしれません。こうして、ナーウェンは癒しの源へと同伴してくれます。

私たちは、底打ちの体験をすると、往々にして自分の中に閉じこもってしまいがちです。時に内側に引きこもることは必要な時間と言えます。ただ、ナーウェンは自分が作った壁の中に、私たちをずっと留まらせず、眼差しを上に、神の方に向けさせるのです。

カトリック教会のミサには叙唱前句と呼ばれる箇所があります。「主は皆さんとともに。また司祭とともに。心をこめて神を仰ぎ、賛美と感謝を捧げましょう」という交唱です。この「心をこめて神を仰ぎ」は、ラテン語では、Sursum corda（スルスム　コルダ）となっています。スルスムとは、上に挙げられること、コルダとは、魂、こころのことです。「心をこめて神を仰ぎ」の本来の意味は、「上に（神に）こころを挙げる」ことです。つまり、顔を上げて、神を仰ぎましょう、重みを負っているあなたのこころを神に向かって捧げましょうと呼びかけているのです。

これこそ、ナーウェンが私たちに伝えたかったことではないでしょうか。あなたの眼差しを神に、イエスに諦めずに向けてみましょうと。神は人間、被造物すべての痛みに共感し、支え、生かし、再生します。繋がりを求め続け、赦すこと、愛することに決して疲弊せず、人間への愛を貫いたがゆえに、自ら人間となった神です。その神に信頼し、自らを開いていくならば、自分が抱えている闇や傷が神の恩寵への突破口となること、そして、そこを通る時に神のいつくしみや恩寵を味わうことができることをナーウェンは伝えてくれます。それを彼は、「傷の形を借りた恩寵体験」と呼びます。傷は確かに痛みを伴います。見たくないし、触れたくない。でも、そこで神と出逢うことができる。これこそが、ナーウェン特有の新たな関わりといのちの再生へのいざないです。彼はこう書いています。「自分の十字架を背負うとは、第一に自分の傷と親しみ、その傷に私たち自身に関する真理を明らかにさせることなのだ」（『心の奥の愛の声』より）。

孤独と友情

彼の霊性のテーマの一つに、孤独との付き合いがあります。ナーウェンはこう書いています。

孤独から逃げ出そうとし、孤独を忘れようとしたり、否定しようとする代わりに、孤独を擁護し、実り多い孤独に変えていかなければならない。霊的な生活を送るために、私たちは自分の孤独という砂漠に入って、その場を一人でいられる庭にするように、優しく、忍耐強い努力を続けなければならない。これは勇気だけではなく、硬い信仰も要求する。孤独が一人きりでいられることへ移り変わっていく動きは、あらゆる霊的生活の始まりであり、この変化が休むことのない感覚から、ゆったりとした霊へ、外に向かう渇望から、うちに向かう探求へ、恐れおののく依頼心から、恐れを知らない遊び心へと動くことだ。

（『差し伸べられる手』より）

ナーウェンの言う孤独とは、疎外感とか、孤立感ではありません。矛盾しているように聞こえるかもしれませんが、他者との連帯を生きることのできる孤独。他者とのつながりを育む孤独。他者を大事にするがゆえに取る間《ま》。依存ではなく、分かち合って生きていく成熟した孤独。そこには、ある程度の距離感と緊張感がある間《ま》が必要となります。ナーウェンは、それを「神と共にある孤独」と捉えます。孤立感ではなくて、彼の言葉を借りるなら、Solitudeです。静けさ、こころの深いところでの慰め、神が共にいてくださる感覚。少しずつ他者に対し開かれ、他者と共に生きていける成長体験。実際にこの孤独や友情は、ナーウェンにとって自らの人生と関わる大きなテーマでした。時に、孤独から逃げようと依存心を強めたり、愛着が強過ぎたりした時に、特に思うようにならない時に、彼は閉塞感と孤立感にとらわれました。こうして、ナーウェンは、自分の体験した痛みの体験を、自分のこころのフィルターを通して、分かち合いました。マルティン・ルターも然り、イグナチオ・ロヨラも、十字架の聖ヨハネもそうだったように、自分の魂の問題の中で、突き付けられ、対峙して、向かい合った体験を彼は分かち合っていくのです。それは、勇気を必要とし、何より神と他者への信頼が根底にあって初めてできることです。彼は言っています、「私たちの魂が愛深い神によって抱かれていると信頼する時、私は、自分自身と仲直りし、愛溢れる関わりのうちに他者に近づくことができるのです」（『心の奥の愛の声』より）。それが、次の「友情」という関わりとあり方に関係してきます。

友情もまた、彼にとって大きなテーマの一つでした。共に成長していける友情を育めるのだろうか。イエスの証しした友愛を生きていけるのだろうか、といった問いを彼は投げかけます。彼は愛されている実感を求め続けた人でした。講演会などでどこかの新しい町に行き、自分一人で宿泊していると彼は、その孤独に耐え切れないことがありました。当時は今のようにソーシャルネットワークがない時代だったので、彼は自分の友だちに電話をかけるなどして、安心感を得ていました。愛したい、愛されたい思いがとても強い人だったようです。思うように愛されなかった時、思うように愛することができない時、愛を表現できない時に、彼のこころの中がとても荒んでいきました。そうしたなかでナーウェンは、様々な痛みと和解の体験を経て、「あなたは私のもの。私のこころに叶うもの」と呼びかける神の愛に気づき始めました。愛を不器用にしか生きられなかったナーウェンであったからこそ、この呼びかけは根本的な自信へと繋がっていきました。私たち一人一人は神に愛されているのだ、私たちの本分とは、神の愛する子どもなのだという、人間の本性を再認識するきっかけになっていきます。

足りなさを生きる

さらに、足りなさを抱えて生きることもナーウェンの霊性の特徴の一つです。彼は本当に自分を満たしてくれているのは誰なのだろうか、何なのだろうか、と満たされない痛みを抱えていました。ナーウェン研究でも知られる神学者のロナルド・ロールハイザーの言葉によれば、ナーウェンは、そうしながら未完の欲求を生き抜き、満たされないことを受け止めました。しかし、急にではなく、徐々に、呻きながら、転びながら。未完の欲求を生きるとは、現代世界が私たちに要求することと真っ向から対立します。大抵、外側から聞こえてくる声には、自己実現すること、自分の思いを遂げることの重要性が強調され、お金を儲け、地位を築かなければ、人生の敗者だと私たちは知らないうちに吹き込まれます。もちろんのこと、誰でも真摯に人生に取り組まなければいけません。ただ、忘れてはいけないのは、それらが人生の最終目的ではなく、いつも自分の思い通りに事が運ぶとは限らないということです。それを受け入れきれなければ、自分を責め、他者を責めることになりかねません。そうなると、自分には生きる価値がない、誰が悪い、社会が悪いと、怒りや不満の矛先が間違った方に向いてしまいます。そんな時に、ナーウェンは、足りなさを抱えて生きることの価値を教え、それは欲求不満な中途半端な人生などではなく、未完の欲求を生き切ることができると励ましてくれます。何より、独りきりで取り組むのではないことを伝えてくれるのです。

カトリックの司祭であったナーウェンにとって、自身の実存的なテーマであったのは、カトリック司祭として独身を生きることは、イエスのように愛を貫いて生きることだ、ということでした。ロールハイザーの解釈によれば、イエスの独身とは、貧しい人、独りでいなければいけない人との連帯を生きることです。ナーウェンも同じように、貧しい人、追いやられている人、苦しんでいる人、独りぼっちでいる人との連帯を生きることを選びました。誰一人として他者を完全に「自分のもの」にすることはできません。それでも、他者と愛を分かち合っていける、完全に思い通りにはならない痛みを感じつつも、受け入れ、生きていけることを、ナーウェンは自分の体験から分かち合ってくれます。本当に自分を満たすのは何か。誰なのか。これは私たち一人一人に問われていることです。男女を問わず、独身であろうと、結婚していようとイエスの生き方から学べるはずです。それは、イエスが御父との間に育んだ愛と人々に注いだいつくしみの実践の生き方です。

傷ついた癒し人

ナーウェンの中心的テーマとも言える「傷ついた癒し人」という生き方を見てみましょう。それは、つまるところイエスのように生きることに他なりません。イエスがそうであったように、傷つきながらも愛していく、傷つきながらも共にある、傷つきながらも歩むことをやめない生き方です。イエスの生涯はその連続でした。自分が信頼し、ともに歩んだ弟子たちでさえ、自分のことを最後まで理解できませんでした。自分の思いを受け止めることもできませんでした。そして最後には離れ、裏切っていくのです。さらに、反対勢力や権力者たちから、追いやられ、迫害され、最後には濡れ衣を着せられていく。このように、イエスの人生は、傷つきながらも、裏切られながらも、愛することをやめなかった人生でした。

『傷ついた癒し人』の中にこういう文章があります。「傷ついた癒し人は、自分自身の傷の手当てをせねばならないと同時に、他の人々の傷を癒す備えをしていなければならない」。私たちは限りある人間です。完全に他者のことを分かってあげることはできません。しかし、自分のこころの中のフィルターを通して痛みを体験していれば、ある程度の共感、思いやり、寄り添うことが可能になっていきます。私の傷は、他の人の傷を理解するのに大切な恵みの座、恩寵体験になり、自分の痛みがあるから、他の人々の痛みに寄り添うことができたり、想像力を働かせたり、共感することができるのだとナーウェンは伝えてくれます。

ここに、癒しという言葉が出てきますが、ナーウェンの語る「癒し」は私たちがしばしば耳にするものとはずいぶん違う内容です。それは、ヒーリング効果のあるなしではありません。その場しのぎの心地よさでも、自己愛的な、ナルシスティックな状況や関係に留まるものでもありません。傷の痛みを覚えつつも、他者と繋がることで、分かち合うことで、初めて体験されるいのちのレジリエンスです。レジリエンスは心理学の言葉で、自己再生能力、回復能力、弾力性、押しても戻ってくることを意味します。押しても戻ってくる――私たちには、底打ち体験や地を這うような体験をしたとしても、もう一回立ち上がろうとする意欲が残っています。立てなければ、見上げるだけでよいのです。少しでも眼《まなこ》を上に向けたいと願う力――これは、神が私たちに下さった生きる力と言ってもいいでしょう。

人間は、闇から光、孤立から連帯、痛みから共感への成長のプロセスを続けていきます。それは何か直線的な成長ではなくて、どちらかと言えば、螺旋のようだと言えるでしょう。螺旋の輪の大小は別として、私たちは人生の成長の中で、苦しみと死、そして復活を体験し続けます。人生において、ある困難に直面し、それを克服したら、もう二度とその不安や困難が頭をもたげることはないとは限りません。

しばらくして、同じような状況に遭遇した時に、どのように対峙し、受け止め、乗り越えるのかを過去の経験から学びながら、進んでいきます。日常の連続性にあって「さらなる」成長、「さらなる」交わり、「さらなる」繋がりへと招かれていることをナーウェンは、伝えてくれています。

出会いと交わりにおける成長

彼は一九九二年にある本を出版します。それが『放蕩息子の帰還』です。これはナーウェンの人生の集大成の作品と言えるでしょう。ナーウェンは、ルカによる福音書のたとえ話である放蕩息子の帰還を基にして、同郷のオランダ人画家、レンブラントが描いた有名な「放蕩息子の帰還」の絵から三人の登場人物に思いを巡らし、いつくしみ深い神と人間との関わりについて書きました。彼自身、まず兄、弟に自分を投影していきます。自分の中にある兄のような部分と弟のような部分に気づくことができるのはとても大きな恵みでしたが、ある時「あなたが弟のようだとしても、兄のようだとしても、結局のところあなたは父のようになるために召されているのです。それは、いつまでも子どものようにはいられない」という呼びかけをされます。私たちが、父のように成長していく道程をナーウェンはとても重要視しています。
ナーウェンは、神と自分と他者が常に関わり合っている成長のダイナミズムについても語ります。彼はこう書いています。

自分が成長するためには、他人のこころの中でも成長しなければならない。私たちは一つの体の一部なのである。私たちが変わるときには、その体全体が変わる。自分が属しているもっと大きな共同体と深いところで常につながっているというのは、非常に大事なことなのだと。

（『心の奥の愛の声』より）

すなわち、ナーウェンが伝えたいのは、神、自分、他者は切り離すことのできない連動しているダイナミズムだということです。このダイナミズムの中で、自分が生きていることを実感しないならば、神の眼差しを避け、神の思いから遠ざかり、自分は神に見捨てられていると思い込み、目に見えない壁を作ってしまいます。
ナーウェンのメッセージを読み解く時に欠かせないのは、「間《ま》」の概念だと思います。神と私には「間《ま》」があって、そこで交わりがある、でも断絶もある。壁もある、緊張もある、対立もあるのだと。ナーウェンはおとぎ話のようなオブラートに包まれた美しい話を決して重ねません。自分と神とのぶつかり合いや迷いをしっかりと私たちに告げます。他者と私にも間《ま》があり、こころの動き、すなわち緊張があるように、他者もまた神との間《ま》を生きています。さらに私たちは、自分自身の中に壁を作り、自分を否定し、自分を追いやることもできます。神と私、他者と私、自分の中にも間《ま》があり、その中でぶつかったり、学び合ったり、受け入れていったり、抱擁したり、遠ざけたり、といった経験が行われているのです。間《ま》というものは、向き合うことで初めて感じられます。そこには見えない壁や、緊張（テンション）などの体験が伴います。神と、他者と、そして自分自身と向き合った時に感じるこの体験は、私たちが成長するために、必要なものだと言えます。なぜなら、この出会いと交わりの体験とそれに伴う困難さと意味探求が、私たちのこころと、そして信仰の成長に繋がるからです。向き合って得られた間《ま》には、「ありのまま」の神、他者、そして自分の思いがあらわになります。こうして、さらけ出された種々の思いを受け止め、理解するには、信頼が必要になります。困難を憶えつつも、時間をかけて育まれた信頼があれば、私たちは、繋がりの中で、徐々に外側に向かって目を開いていくようになり、その時に、自分の存在や体験を他者と分かち合っていけるようになります。

それでも、私たちは、神の存在を感じることができない時があります。それを十字架の聖ヨハネは「霊魂の暗夜」と呼びました。マザー・テレサも非常に長い間、神から離れている魂の疼きを抱いていました。神は全てを超えて、同時にあらゆること、例えば人間のこころの機微にも働かれます。人間が体験するこころの痛み（暗夜）の中であってもです。神は、私たちが現実に生きている「間《ま》」と「時」を尊重しつつ、私たちの悟りや選びにも働きかけます。神は、呼びかけますが、急かすことはありません。神は決して、私たちに対する愛に尽きることがない方です。痛みや暗闇の中にあっても、神との交わりは絶えることがありません。

暗闇の中で、小さくなっている私に対して、手を差し伸べてくれる神がいる。さらに、沈んでいる私と一緒にいてくれる仲間、歩んでくれる仲間がいる。こうして私たちは、少しずつ壁を超え始めます。ナーウェンが大切にしたのは、神と仲間と繋がって生きるこのような共同体（コミュニティー）でした。この出会いと交わりの共同体の要にイエス・キリストがいます。

イエスのように生きる

以上の話からもわかるように、ナーウェンが一貫して伝えているのは、イエスのように生きること、そして愛情深い神に向かって成長していくことです。彼は、イエスをパーソナル（人格的）な存在として強く意識し、関わります。その中心には、神の愛する子であるイエスの生きた十字架と復活への信仰があります。自分の痛みや背負っている十字架がある。底打ちの体験や地を這う体験を経て、いつしか心の奥深くで感じる自分の中にある力、愛されている感覚、神が引き挙げてくれる恵みに気がつくことで、私たちは少しずつ変えられてゆきます。これはキリスト者である私たちが共通していただく恵みです。キリストの弟子として生きていくように召されて、イエスのように生きていくとは、すべてのキリスト者（クリスチャン）にとって、信仰の大切な主題です。神に愛された者同士が、違いを超えて、連帯することができる、和解することができる、交わることができるのです。

さらに、ナーウェンのメッセージはキリスト教信仰に限定されない普遍的なメッセージも多分に含んでいます。現代の閉塞感漂う世界にあって、私たちは思想や宗教、国籍や、時に社会的通念に縛られずに、人間が作り上げた壁を超えていく必要があります。壁を超えて、繋がるために、私たち一人一人は神に愛されている存在であることを知っていなければならない、とナーウェンは人生をかけて、傷つきながら、声を枯らしながら伝えました。彼は、現代における預言者の一人であったと言えるでしょう。彼は、教派も、教義も超えて、人間同士の共感、連帯、和解を告げ、いつくしみ深い神の愛を一緒に探し求めてくれる同伴者なのです。

最後にジャン・バニエがナーウェンの葬儀で贈った言葉を紹介します。ナーウェンの歩んだ人生と伝えたメッセージを端的に表現しています。

私は、ヘンリーのうちにキリストの傷むこころ、キリストの持つ苦しみを感じ取りました。神は安全なところにいて、ああしろとか、こうしろとか言う、指図する神ではなく、苦しみのうちにある神、愛をこころから望む神です。それは理解されない神であり、レッテルを貼りつけられた神です。私たちの神は、愛する神、それも傷つきながらも愛する神です。これが傷つきながらも愛する方、キリストの神秘です。ある意味ヘンリーもそうでした。傷つきながらも、愛する人であり、愛されることを求め、愛を宣べ伝えていきました。

人類を生きる霊性——押田成人と諸宗教の人々

石井 智恵美

人類の歴史の中で、宗教は人々の救いとなってきましたが、時に対立と不和、差別と排除の原因ともなってきました。特に現代は、宗教の名のもとで起こっている対立や不和、差別と排除が、環境破壊、気候変動、貧富の格差、排外主義、地域紛争の泥沼化、増加する難民問題などと結びついて、解決が見えない問題を生み出しています。その中で、宗教の果たす役割とは何でしょうか。筆者は、対立や不和、差別と排除を克服するために、皆人類として一つであるという普遍的な価値観、個人の尊重という固有性の価値観、和解と交わり、多様性と寛容という価値観を伝え続けることは、現代世界において宗教が平和に貢献する大きな役割である、と考えています。そのような宗教の役割を考える大切な契機として、押田成人《しげと》神父（一九二二—二〇〇三年）が提示した「人類を生きる霊性」を、諸宗教の人々との関わりにおいてもう一度、振り返ってみたいと思います。

押田成人はドミニコ会の修道司祭であり、また信州にある高森草庵という労働と祈りの共同体を創立したことで知られています。彼は日本人としての固有性と人類としての普遍性を共に大切にしていました。高森草庵は、一九八一年の「九月会議」（一九八一年に世界各地から精神指導者たちが高森草庵に集まり、共に生活し、祈り、現在の人類が直面する議題について話し合った一週間の会議。その模様はNHKの「宗教の時間」でも放映。『九月会議』（思草庵、一九八四年）で詳細に報告されている）に象徴されるように、キリスト教を超えた様々な宗教の人々が集い、日本人としての固有性と人類としての普遍性が現成《げんじょう》する労働と祈りの場となりました。

また、押田の霊的な歩みの決定的なところで、諸宗教の人々との出会いと対話が与えられています。押田がカナダ留学において、十分な英語力とフランス語を身につけていたことがそれを可能にしたと言えます（旧制高校でドイツ語、大学の哲学科でギリシャ語、神学課程でさらにラテン語、ヘブル語も習得）。しかし、そのような外的条件に留まらず、押田は多くの海外の友人たちと魂の響き合いとも言える多くの出会いの体験をしています。また、海外からの要請に応えて、黙想指導にも出かけています。ベルギー・ブリュッセルの「東洋諸修行の会」や、アメリカ・マサチューセッツ大学の有志や、ドイツ・イムスハウゼン共同体（プロテスタントとカトリックの修道共同体。ユダヤ人とドイツ人の和解を大きな祈りの課題として捉えている）、スイス・グロンシャン共同体（改革派やカトリックの女子修道共同体。テゼ共同体創立者のブラザー・ロジェとも深いつながりがある）、平和巡礼という国際グループ（日本山妙法寺、ユダヤ人の平和グループ等）の関わり、アメリカに亡命したハンガリー人の版画家ヨゼフ・ドミヤンとの出会いもありました（押田成人、ヨゼフ・ドミヤン『白い鹿』日本キリスト教団出版局、二〇一五年）。今

ヨゼフ・ドミヤンと押田成人

回は、その中で一九七一年インドでのマーリー・ロジャース（英国国教会司祭）と、スワミ・アビシクタナンダ（アンリ・ド・ルソー、元ベネディクト会修道士、ヒンズー教の隠修士）、ポン・ジャン師（ヒンズー教の行者）との出会いを取り上げます。押田の思想形成に重要な契機を与えた海外の友人たちとの友情を省察したいと思います。

押田成人の思想の特徴として挙げられるのは、体験の直接性と意味の重層性です。その詩的とも言える独特の表現は、思想・哲学の言葉としてはなじまないということを本人もよく自覚していたのでしょう。押田の著作はほとんど、エッセイという形であらわされています。「そうなんです。要するに彼岸の、般若の光で味わう人はいない。それについて語る人はいても、自分はこう見ているという人はいないんだね。私もそういうビジョンを示しているのだけれども、哲学的表現で書くのは空しいから随筆で書いているわけです」（押田成人・福岡正信対談「種をまきに砂漠に出る」『湧』一九九二年一月号、地湧社）と押田はインタビューの中で語っています。そして後述しますが、押田が体験したその場に読者が引き入れられてしまうような、現存の体験として迫ってくるような直接性が押田の文章の強い特徴になっています。それは後述するように禅那（押田の言う「彼岸」、「般若の光のビジョン」、「キリスト教の観想」）の体験から来ているものであり、押田の文章を通じて押田が体験した体験へと読者も押し出されるのです。そこに、押田の思想解明の困難さがあり、同時に豊かさがあります。

1　宗教伝承と生命伝承

海外の友人たちとの具体的な出会いを記述する前に、押田が諸宗教とキリスト教の関わり、諸宗教の人々との対話をどのように考えていたのかを、まず見てまいりましょう。

押田は「宗教伝承」（諸宗教）とは、決して一つの固定した思想体系や生活形態を指すのではない、とし、その中核は、それらを生み出し、表現されてゆき、またそれらを超えている生命の流れそのもの（押田の言葉では「生命伝承」）である、と語ります（「宗教受納即苦悩」『孕みと音』思草庵、一九七六年、59―68頁）。そしてそれにもかかわらず、一つの思想体系、生活形態と共にあるもので、どこかに抽象的に存在するものではない、と語っています。そこに他の文化圏を経てきた外来の宗教伝承を受け取る者の苦悩の一つの原因があると述べています。

「宗教的悟りや照らしへの道が、自分の生きている文化伝承とは別様の文化伝承に具現したすがたでやってきたとき、その宗教伝承のふくむ生命的真理のゆえに、それが托身している、文化伝承をも引き受けるべきなのでしょうか。もしそうならば、それは最初から、自分が自分でなくなることを、文化の次元において要求されることになりましょう」（同、59頁）。具体的に言えば、押田はカナダ留学中に一人自分の部屋で坐禅を始めました。それは幼い頃、曹洞宗の信徒であった父親から教わったものであり、風邪を引いた時に梅干しとおかゆをいただくようにきわめて自然なことだった、と述懐しています。坐禅は禅仏教のものだから、キリスト者が仏教の修行である坐禅をするのはおかしいのではないか、と思われる方もいるでしょう。しかし、押田は次のように記しています。「禅とは禅那の略。禅那とはサンスクリットのデイアナの音訳（禅那はキリスト教では観想といいます）。私にとってそれは本来鳥とぶようすが、花咲くようすが、人のほほえみ、泣くようすが、ことごとに、神的光の中に神的光をながめる生活のことであって、きわめて広く、きわめて深く、ただ一つの姿勢や一つの外的な修業形態と、必然的に結びつくようなものではないのです」（「宗教受納即苦悩」、67頁）。押田がこの禅那（観想）を深めていった結果、「もう神様に嘘はつけない」と西欧的な生活形態の修道院を出て、神様とだけひとつになる生活を始めることにおのずと導かれてゆきました。それが後の労働と祈りの共同体・高森草庵へとつながってゆきました。各々の宗教伝承が伝えている生命伝承に出会い、その促しに従うこと——このような禅那（観想）の探求をめぐって、押田と海外の友人たちの友情も結ばれてゆくことになります。

2　諸宗教の人々との出会い

今回は、一九七一年　インドへの旅を記した「ガンジスの月」「いくつかのめぐりあい」（「ガンジスの月」83—97頁、「いくつかのめぐりあい」98—116頁。いずれも、押田成人『孕みと音』に所収）というエッセイを中心に、マーリー・ロジャース、アビシクタナンダ、ヒンズー教の行者ポン・ジャン師との友情を省察したいと思います。

(1)マーリー・ロジャース（一九一六―二〇〇六年）

マーリー・ロジャースは英国国教会の司祭で、ケンブリッジ大学神学部を卒業した後、イギリスの植民地であったインドに、妻のマリーと共に宣教師として渡った人物です。そして宣教師としての特権を返上して、インド人と同じ生活水準の生活へ入り、妻マリー、夫妻の同志へザーと共に、インド北部のバレリー地区、カレリー村にジョティニケタン（サンスクリット語で「創られざる光」の意）・アシュラムを設立します（Mary V.T.CATTAN, *Pilgrim of Awakeing: The Extraordinary Lives of Murray and Mary Rogers*, Pickwick Publications, 2016）。一九七〇年に来日、高森草庵に来庵しその生活に触れたマーリーは、一九七一年押田をインドへ招待します。形の上では東洋のプロテスタントの宗教運動の宗教対話局の招待となっていましたが、個人的な色彩の強いもの、すなわち、マーリーの切望によるものでした。

マーリーは「自分の属していた宣教師たちのグループと、ついに行動を共にすることができなくなって、インド人と同じレベルの生活と同じ様式の修行生活をするため、自分は修道者となり、妻は修道女となって、現在の地にやってきたのでした。そして二十年の歳月の後、彼の到達した結論は、愛惜おく能わぬこのインドの地を、インド人の責任にすべてをゆだねるために、自らは去るべきであるということでした」（「ガンジスの月」『孕みと音』、83―84頁）と押田は記しています。マーリーは自分の信仰と良心に照らして、宣教師の特権を捨て、その身分を返上し、インドの人々への尊敬と愛情によりヒンズー教の修道者のようなアシュラムの生活を始めます。信仰と良心の自由に基づいて自分の属していたグループを出て、共同体を設立した経緯は、押田の歩んだ軌跡と重なります。しかも、マーリーは二〇年の共同体の生活の後、その誠実さを尽くした後にインドの地を去る決断をし、その決断が正しいかどうかインドに来て見てほしい、と押田に要請したのです。それを断ることができなかったと押田は言います。

そして次のように語ります。「私は、重大な議論は何も起こらなくてもよい、人類の中にあらわれてきている深みからの状況を見定めることだと思っておりました」(「ガンジスの月」、84頁)。押田個人の思いをこえた人類としての眺めを、まず第一のこととするのです。そして現象としては二つの課題をそこに見ています。ひとつは、東洋の神秘伝承と西欧キリスト教伝承のめぐりあいの問題——福音宣教のインカルチュレーション(土着化、文脈化)の問題。二つ目は「伝承現象としてのキリスト教から見れば、『布教』という考え方が根本的にあらためられねばならない、という問題」です(同、84頁)。

マーリー・ロジャースとマリー・ロジャース(1989年)

また、押田はここでは指摘していませんが、植民地支配という不正義がアジア、アフリカ、ラテンアメリカ等で数世紀にわたって続き、そこにキリスト教の宣教と諸宗教の関わりも結びついているという構造的な問題もここに含まれています。それら二つの課題の背景にはキリスト教は優越した宗教、唯一救いに至る宗教であって、他の宗教は間違っているという立場があり、キリスト教宣教が植民地支配を正当化するイデオロギーとしても用いられて来たことへの歴史的な反省が宗教間対話の背景にあることを見落としてはならないと思います。

このような問題を含めて、後に一九八〇年代になってジョン・ヒックの『宗教多元主義』（『宗教多元主義――宗教理解のパラダイム変換』法藏館、二〇〇八年）という神学的な労作によって、宗教対話をめぐる神学的な枠組みが提供されました。宗教多元主義が生まれてくる背景には、宣教師として派遣される人々の中に、マーリーや次に登場するアビシクタナンダのように、キリスト教を優越した宗教とは考えずに、現地の宗教に敬意をもち、自らも他宗教の伝統に学んでいく人々が具体的に現れていたことが挙げられます。これはキリスト教優越主義に対するキリスト教内部の自浄作用とも言うべき働きであって、そのような草の根の宗教対話が各地ですでに起こり、共感がひろがっていったということなのです。ヒック自身も、イギリスのバーミンガムという移民の多い地方都市で、市民運動にかかわる中、他宗教の人々と深くかかわらざるを得ませんでした。その経験から生まれた思索であることは明記すべきでしょう。ヒックのモデルにしたがってキリスト教の諸宗教に対する態度を「排他主義」（キリスト教のみが正しく救いをもたらす唯一の宗教）、「包括主義」（他宗教の中にもキリスト教が伝える真理が存在する〝無名のキリスト者〟という考え方）、「多元主義」（おのおのの宗教に固有の真理と救いが存在する）と分類するのなら（ヒック『宗教多元主義』）、マーリーや押田は多元主義に分類されることになるでしょう。

しかし、この神学的なモデルで具体的な問題をすべて解決できるわけではありません。長年インドの地に暮らし、インドの人々と労苦を共にしてきたマーリーは、愛するインドにとって何がベストなのかを見極めた上で、自分たちはこの地を去るべきである、という苦渋の決断をしました。その判断が間違っていないかどうかを押田に確かめてほしいという要請を受けて、押田はインドに旅立ったのでした。

マーリーはインドで押田に次のように語ったそうです。

「数のことばかり気にする、仲間の数を増やすために、人間的意識でひっぱろうとする、こういうやり方は、キリストの考えと関係があるでしょうか。おのずからの溢れである言葉だけが大事ではないでしょうか。真に現実的なものは、すべてに命令せざるを得ないんだ」(押田「ガンジスの月」、88頁)。

この言葉の裏にどのような生活があったのか。マーリーの長年の友人・葛西実が証言しています。

「電気・水道のない、この僻村では、冬の夜の寒気は骨身にしみ、夏の乾期の酷暑と熱風は身体の機能を破壊し、思情能力をゼロにする力があった。……四時半の起床、空が屋根で、大地が床であるような簡素なチャペルの土の床に座り、闇の中で沈黙のうちに日の出を待ち、日の出と共に御ミサが始まり、その後、朝食、自給自足を目的とした農耕を主とした作務があり、昼、夜の祈りと食事で一日のリズムが構成されていた。それは自然とのかかわりのなかで、自然のリズムを共有しているようであった。ひたむきな生活態度と同時に、きびしい生活状況におかれながらも静かな、湧き出るような喜びと感謝があり、これが時として自由な爆笑となって生活者の心を包んでいた」(葛西実「出会いの霊性と倫理」『現代世界における霊性と倫理——宗教の根底にあるもの』行路社、二〇〇五年、72頁)。キリスト教入信者を増やすことに最大の関心を置くという人間の意識で引っぱるのではなく、おのずからの溢れである言葉、すなわち、神——真に現実的なもの——に聞く姿勢から溢れてくる言葉、このような姿勢こそが問われている、とマーリーは語っています。アシュラムの厳しい生活を通して彼らは貧困にあえぐ北インドの人々と共に在ったのです。「共に生きる」という福音を伝えたのです。それゆえ先ほどの言葉はそこに根差したものではなかったでしょうか。

もう一つの印象的なエピソードは、ミゾ族（全員キリスト教徒の部族）の合唱隊の公演を聞きに行った時のエピソードです。合唱が終わり、一人の女性が立ち上がってマイクを取り上げて証しをした時のことです。彼女は「『私は自分が罪人であることを、どうしても納得できなかった。しかしある午後、ある日庭に腰掛けていた時、聖霊のてらしによって、はっきりと自分が罪人であることを知ったのです……』。鳥肌がたってきました。公演の途中でぬけ出して表に出た時、マーリーがいいました。『わかりますか？　あれは宣教師たちの活動に伴なう、付随的現象ではないのです。実に中心的な成果なのですよ』。……何かそらおそろしいものが感じられました」（「ガンジスの月」、90頁）。〝聖霊のてらしを受けて自分が罪人であると自覚した〟証しの出来事を、なぜ押田が「そらおそろしいもの」と感じたのか、それは彼が「神様にどうしても嘘をつけない」と修道院を飛び出したこととも響き合っているのでしょう。ミゾ族というインドの少数民族の文化にはなかったであろう「証し」というキリスト教の文化が、堂々と行われていること。つまりは、その土地の文化と十分に対話した結果というよりも、表層的な部分でのキリスト教文化の押し付けではないかと疑われるような現象に、鳥肌が立ったのでしょう。イエス・キリストへの信仰を受け入れるということは、神様とその人の魂における秘密でもあります。その中で信仰が成熟し多くの人の前で信仰告白・洗礼に至り、公のものとなるのですが、ミゾ族の人々にとって異文化であるキリスト教の証しがこのように人前で堂々と語られるところに、押田やマーリーは現代文明の病理「ニワトリの三本目の足」が語られている危険を感じたのではないでしょうか。

「ニワトリの三本目の足」は、押田の表現で、抽象化した言葉、観念のための観念を表す言葉です。

現実のニワトリの足は右足と左足しかないのに、具体性を欠いた状態で「ニワトリの足」という言葉を用いれば三本目の足が一人歩きしてしまいます。押田は次のように語ります。「このようなことばは直接に自我意識と結びつき、このようなことばによる説明は自己満足を伴うものです。このたぐいのことばを組み合わせると、どのようにも正当化し、言い訳もすることができます。……にわとりの三本目の足がひとり歩きしはじめると、これは恐ろしいものになります。まさにこのようにしてユダヤ人殺戮をはじめ、人類のための大いなる利益とか富の名のもとに行われた残虐行為が正当化されたのでした」（押田「新しい地平のための基本的ながめ」『九月会議』、232—233頁）。

又、同じように観念のための観念への批判として、押田は以下のように述べています。外国から来たある修道会の上長が大学で講演をして次のように語ったそうです。「われわれは真理を所有しています。もし真理を見つけたければ、いつでも私たちのところを訪ねてください」。そして押田は「赤面してうつむいていました」（押田成人「福音とインカルテュレーション」『福音宣教』一九八九年一月号、オリエンス研究所、14頁）。ここには、ミゾ族の女性の証しに鳥肌が立ったという押田の思いと同質のものが感じられます。「われわれはまことを意識的に自分の手中にすることはできません。それは、主の御手の中に在るのです。それは主への従順の神秘のうちに、深い心の単純さ（神的清さ）のうちに実現するものなのです」（「福音とインカルテュレーション」、14—15頁）。〝まことを所有することはできない〟という深い自覚。そこからは自分を空っぽにしてゆく単純さが求められると押田は語ります。押田は続けて、「この単純さを求めてこそ、ヨーロッパ的修道院生活のあり方を去りました」（同、15頁）、とつづっています。

ジョティニケタン・アシュラムのチャペル

マーリーもこの認識を共有していました。マーリーは『九月会議』の中で、北インドの村で最も貧しい人々と共に住んだ時のことを語っています。「その頃の私は、口数が多く、観念的でした。私は彼らを変えようとしました。しかし、まもなく気づいたのです。私の考えが不当であることに。彼らの深い深い苦しみに直面した時、私は、その苦しみをおぼろげにしか理解できていない事に気がついたのです。苦しみにあえぐ人に、キリスト教の、西欧の、観念的な言葉で話しかけること、それがどんなに侮辱的な事か、私は知りました。……頭で考えた言葉で、彼らに語りかける事に、嫌悪を感じました。そして、沈黙せざるを得ませんでした。そして、私は気づいたのです。極限の苦しみの中で、言葉や観念を捨てて、沈黙の世界の中に入ると、そこに、人と人との深い交わりが生まれることに。それは、無限の喜びであり、幸福であり、神秘であり、贈り物なのです」（マーリー・ロジャース「宗教の時間」（一九八一年十月十八日放映）、『九月会議』、201頁）。マーリーはだからこそ、人間的な意識で引っ張ろうとする宣教師たちのあり方を去って、ジョティニケタン・アシュラムの生活を始めたのです。そして二〇年にわたり労苦を積み重ねてきたアシュラムの生活をインド人に引き渡すために、インドを去る決断をしました。人間的な意識ではどれほど辛くても、マーリーは自分たちの労苦の結果にしがみつこうとはしませんでした。その意味で、国境を超え、人種を超え、二人は同じものを分かち合っていたといえるでしょう。それは人間的な意識ではなく、聖なるリアリティに従うということでした。

⑵スワミ・アビシクタナンダ（一九一〇—一九七三年）[1]

スワミ・アビシクタナンダは、本名アンリ・ド・ルソー、フランス人の元ベネディクト会士です。スワミとは、ヒンズー教の行者の尊称を表します。彼は「インドに帰化し、サンニャーシン（遊行者）としてヒンドゥー教の証言の深淵に身を投じた人と考えられているが、ロジャース夫妻と深く結ばれ、旅の寄留地として、風のように予告なしに、しばしば訪れていた」（葛西「出会いの霊性と倫理」、73頁）。ネパールの国境に近いウッタルカシという一般の人は立ち入れず修行者のみが入れる山中に、自分の住居があり、そこで修行を続けていました。アビシクタナンダはモンシャナン神父という先駆者に招かれて、インドに宣教師としてやってきました。その時に、神父は彼をラマナ・マハルシという二十世紀前半最大のヒンズー教の霊性家のところへ連れて行ったのですが、それは正直に言って期待はずれであったそうです。彼にとってはみにくいと映った聖画、横臥したままの聖者、仰々しい弟子たちの様子に落胆したそうです。ところが、帰ってくると高熱が出て一晩中うなされて、夢の中に聖者の姿が現れては消え、その時になって初めて自分が完全に聖者の現存に捕らえられていたのに気付いた、といいます。熱が去って、正常に戻ってからも一週間何も手につかなかったそうです。ここから彼のキリストの啓示と東洋の神秘伝承についての神学的思索が始まったと、アビシクタナンダは押田に語ったそうです。彼はベネディクト会士としての生活を捨てて、ヒンズーの修行者の一人として生きることを選びました。これは、キリスト教信仰を彼が捨てたということでしょうか。アビシクタナンダ

スワミ・アビシクタナンダ

の中では、キリストの啓示をどのように受け取るかは生涯の課題であり、一九七一年押田がマーリーのもとを訪れた時も、三人の話の最後はそこに行きついた、と押田は記しています。そこで、押田は次のようなアビシクタナンダのエピソードを紹介しています。

ヒンズー教の聖地ベナレスで、聖者の弟子たちと一緒に居た時のこと。西欧人の弟子の二人がグレゴリオ聖歌を歌い始めた時、彼の中で眠っているものが、現在の生活を突き破って意識の奥から突然溢れてきたと言います。その時彼は八つ裂きにされる思いだったそうです。そしてアビシクタナンダは「やめてくれ！」と叫んだそうです。その様子を見ていたヒンズー教徒である聖者の弟子が「キリストがここにいます！　私は今キリストを見ています！」と叫んだ、とのエピソードが紹介されています。スワミの苦悩とキリストの苦悩が、時空を超えて一体となった姿を、ヒンズー教徒の修行者が発見している不思議さ。社会的に属している宗教が違っても、その時、同じ体験を分かち合っている不思議さ。ここには組織としてのあるいは、教義としての宗教ではなく、直接的宗教体験が示されています。さらにその人の生きている信仰の現実の姿は、キリスト教、ヒンズー教といったラベルだけでは説明しきれないものであることがここでも示されます。

その人の信仰が一体、どのようなものであるかは、具体的な出来事の中でしか顕わに見えてこないのかもしれません。インドの霊性に魅了され、西欧人としての過去を振り返らずにひたすらにインドの霊性に沈み込んで修行を重ねていたアビシクタナンダでしたが、自分でも意識することのなかった奥深い場所がグレゴリオ聖歌の調べによって、この時触れられてしまったのです。そして自分でも意識していなかった、閉じ込められていた彼の苦悩が溢れてきたのです。その苦悩は、キリストと同質の、人々を愛し共に生きるための苦悩でした。

アビシクタナンダは、また次のようなエピソードを語ったそうです。「私はすばらしいヒンドゥを知っている。彼は同時に、キリストへの本当の信心をもっている。しかし彼が今のキリスト教の中に生きることはできないこともわかっている。だから、ヒンドゥにとどまりながら、キリストを愛するようにすすめている……私は一人のキリスト信者を知っている。彼は洗礼をうけて、キリスト教の生活を何年か送ったあとで、本物のヒンドゥに会った。突然、彼の内なるものがすべてあらわれてきた。そしてその内なるもの、伝承の中からキリストを見直した」（「ガンジスの月」、90頁）。ここではヒンドゥでありながら、キリストへの本物の信心を持っている人、逆にキリスト教徒になったのちに本物のヒンドゥに出会い、それによって自分の内なるものがあらわれてきたことによりキリストを見直した人についてが、アビシクタナンダの話として記されています。

一体、その宗教に属することはどういうことなのか。〝純粋〟に、キリスト教徒であり、仏教徒であり、ヒンズー教徒である、ということはありえるのか、また、それが〝正しい〟ことなのか、といった問いの前に私たちは立たされます。アビシクタナンダの存在は、そのような問いを私たちに起こさせます。その問いに対しては、アビシクタナンダと押田とが共通して持っていたものが一つの答えを与えるでしょう。それは、先にも引用しましたが、人間の側に意識的に「まこと」を手中にすることはできない、という自覚です。「それは、主の御手の中に在るのです。それは主への従順の神秘のうちに、深い心の単純さ（神的清さ）のうちに実現するものなのです」（「福音宣教とインカルチュレーション」、14－15頁）。社会的にどの宗教に属しているか、どのような信条や教義を信じているか、自分がどのように信仰を告白するか、ということ以上に、人間の意識を超えた神（神的存在）にいかに従うか、そこにアビシクタナンダと押田の共通点がありました。こちらが自我を捨てて空っぽになればなるほど、そこに神の〝まこと〟が輝きだすという自覚を二人は深く持っており、その自覚からの促しに従ったのです。

一九七一年のジョティニケタン・アシュラムの訪問の際、アビシクタナンダとマーリー、押田は、ヒンズー教で言うところの「アドヴァイダ」（悟り）の体験について、そして最後は「キリストの啓示をどう思うか」というテーマを極めて率直に話し合ったそうです。

「カラスや小鳥たち、そしてリスのなき声、『大地の歌』に出てくる、あの汽車のひびき、また村人たちの祭の歌声が、私たちの会話の伴奏でした」（「ガンジスの月」、92頁）。この押田の文章は、一読すると詩情にあふれた童話のような情景描写のように思えます。しかし、これは単なる詩情ではありません。宇宙全体、万物とのつながりの中で、キリストの啓示を聞きとろうとしている自分たちの会話もまた、すべてのもののつながりの中に行われていることへの畏敬の思いが、ここで記されていると読めるのです。そして、マーリーや押田やアビシクタナンダが畏敬を持ちながら、自分たちが生涯をかけて従い探求し続けているもの、そのリアリティにこそ、最後的に彼らを結びつけているものがある、と思わざるをえないのです。そのような友情の姿に私たちもまた教えられます。

その後、彼らはヒンズー教の聖地、リシケシ、ハリドワールなどの巡礼の旅を共にしたと記されています。

この時期、マーリーがインドを去ることにスワミは反対であり、その決断は彼らの友情の危機を伴うものでもあったそうです。押田は、マーリーの最後的な決断を見に来てほしいといわれインドに旅立ったのですが、彼は自分の判断をはっきりとは記していません。「誠実を尽くして歩く者のめぐりあいと別れの証人として、私はいつまでもそこにいたいのです。そして私は、深みにおけるまどいの方をじっと見すえていたのです」（「ガンジスの月」、97頁）と記し、マーリーの判断を押田が受容したことが暗示されています。それは老齢のアビシクタナンダにとっては同志がインドを去ってしまうという厳しい現実となりましたが、これも神の摂理なのか、その二年後に彼は路上に倒れ天に召されることになりました（Mary V.T.CATTAN, *Pilgrim of Awakeing*）。

(3)ヒンズー教の行者　ポン・ジャン師

この行者については押田の文章以外から知ることはできませんでした。しかし、彼との出会いは彼の経歴を知りえなくても、十分に意味のある出会いであることを明記しておきたいと思います。押田は一九七一年、インド・ラックナウに到着した翌日、マーリーによってラマナ・マハルシの弟子のところに案内されました。街角の横丁を入った普通の構えの民家を訪ねた時のこと。二階の一二畳ほどの部屋に通されて、行者の横に押田とマーリーが座り、行者の弟子たちや他の客人たちがいたそうです。沈黙が続きましたが、押田が主客である印象を受けたのでまず口火を切ったそうです。「私は日本から来ました」するとその行者は「いいえ。それは不可能です」とにっこり押田を見つめながら答えたそうです。聞き違いかなと思い、もう一度「私は日本から参りました」とはっきりと繰り返したそうです。すると行者もやはり声を高めて、はっきりと「いいえ、それは不可能です」と繰り返したのだそうです。「『なるほど』。今度は私がにっこり笑いました」（押田成人「いくつかのめぐりあい」『孕みと音』、100頁）と押田は記しています。「私が私であるところのもの、永遠に根を張って、永遠に問いかけているこの私、『今』と『ここ』の中に『今』と『ここ』を超えて洞察するこの私、時間と場所によらず、この私が、この私であるところのものは、日本から来たりインドを去ったりすることはできません」（同、100頁）。物理的地理的条件においてのみ、肉体は日本から来たり、インドを去ったりするけれども、行者はそんな次元で押田を見ていないし、そんな次元のおしゃべりにも興味がない。「私は直ちに行者の領域、禅那の領域に入りました」（同、101頁）。

それから様々な話が出されたそうですが、彼らはもう嬉しくて嬉しくてたまらなくなり、いわゆる〝法悦〟（神秘体験をする者が味わう忘我の境地、えも言われない愉悦）のような状態になったそうです。食事中、指で食事をするインドの習慣に従っていた押田が「指をなめてもよろしいか？」と聞くと、行者が「いいとも」と言ったので自分の指をなめ始めると、一同が爆笑したそうです。指をなめるというのはインドでは最も低級なしぐさなのだそうです。タブーがなくなり笑いがはじけ、いわゆる〝法悦〟に溢れている様子が伝わってきます。別れ際に行者から「少なくとも明日一日、ここにいませんか」といわれるのですが、マーリーにそれはできないと仕草で示され、あきらめたそうです。「こういう種類の幸福の体験は、……ほとんど経験したことがありません。ヒンズー教徒とかキリスト教徒とかいう区別は微塵もなく、考え方の相違も問題ではありませんでした」(「いくつかのめぐりあい」、108頁)。他宗教の人との出会いのこのような幸福を、私たちはどのように見るでしょうか。初めて出会った行者との火花のような出会い。宗教の区別も、人種や、言葉の違いも超えて、ただただお互いの存在の前にいることが嬉しくありがたいという幸福の体験。こういうことが起こりうるということは、恩寵の一言に尽きます。

その後、行者も押田も連絡を取り合う努力をしますが、インドの郵便事情の悪さも手伝って連絡は行き違い、結局一カ月のインド滞在中に、二人が再会することは叶いませんでした。日本に帰国してから、押田は行者に次のように書き送ったといいます。「人間の計画は私たちを空しくするのです。神の愛故に、その時その時を誠実に生きる者は、思いがけぬ時に、忘れていたものを、思っていたよりも豊かに与えられるでしょう。行者とのめぐりあいも、そのようにして与えられることを思いましょう」(「いくつかのめぐりあい」、109頁)。出会いの恵みを受け止め、再会を共に切望しつつも、それが叶えられなかったことも、また受け入れる。決して幸福の体験に執着せずにそれを手放して、神の御手にすべてを委ねているのです。

3　まとめ――人類を生きる霊性

押田がインドでどのような出会いを経験したのかを省察する中で、最初に立てた二つの問いにどのように答えうるでしょうか。①福音のインカルチュレーション、②「布教」を根本から改めねばならない、という問題です。

押田は、明確な言葉でそれに対する答えは出していません。押田はただただ具体的な出会いをエッセイで語っているだけです。それは入信者を増やすことが「布教」なのではなく、人々と共に生きること、それこそがキリストの伝える福音である、とのことを示しているのではないでしょうか。最初に記したように、押田の文章の特徴は直接性と意味の重層性であり、押田の文章を通して私たちは彼の体験の場に引き込まれ追体験をさせられるのです。今回も筆者はマーリー・ロジャースやアビシクタナンダ、ポン・ジャン師との出会いをたどるうちに、その場に引き込まれるような想いがしました。押田の文章の奥には、直接体験することによってしか、わからないその味わいを味わいなさい、とのもう一つのメッセージが隠されているようです。

「にわとりの三本目の足」という言葉で観念のための観念を批判した押田は、教会のたどった歴史についても次のように批判をしています。「同様に教会もまた、何世紀もの間、外面的あるいはことばの上での表現が違っているといって、実は同じ信仰をもつ多くの兄弟を異端者あつかいにして、断罪してきたのでした。神の前で切実さもなく礼拝を論じたり、苦悶、涙、内的必然もなく祈る者は、にわとりの三本目の足を巧みにあやつっているのです。日常生活でも、祈りと苦しみとかいうようなことばは、現実に挑戦している者だけが使うべきで、その場合でも乱用してはなりません」(『九月会議』、233頁)。

押田は「禅那」の世界において、他宗教の人々と出会っています。そして、マーリーやアビシクタナンダといったキリスト教のアイデンティティを持ちつつも他宗教へ開かれていき、他宗教へ深く参入していた人々との出会いを体験します。また、初対面のヒンズー教の行者とこれ以上ないほどの幸福の体験をします。それは押田が禅那の世界に心を開き、自我の執着から離れる行を常に行っていたということを証ししていないでしょうか。「にわとりの三本目の足」とは逆の方向へ自分を仕向けることによって、押田は神のリアリティに自分を開いていたのでしょう。

マーリーの言葉「おのずからの溢れである言葉だけが大事ではないでしょうか。真に現実的なものは、すべてに命令せざるを得ないんだ」、「存在の奥から涙がにじんでくるような言葉だけが響く」。それらは、神から与えられるものであって、一度体験したからといって、所有できるものではありません。そこへ向けての探求の道で、押田は他宗教の人々と出会っています。他宗教の人々との幸福な出会いによって、押田たちの友情は確かに「人類に生きる霊性」を育てました。宗教、人種、文化の枠を超えて「わたしたちはひとつである」ということを具体的に味わっていたのですから。

同時にそこには苦痛が伴います。二〇年以上の労苦を共にしてきたアシュラムを、インド人に引き渡すためにインドを去る決断をしたマーリー。アビシクタナンダはキリスト教優越主義を捨てて、インドの放浪の修行者として生きていた晩年に、かたい友情で結ばれていたマーリーによるインドを去る決意によって、また、グレゴリオ聖歌によって彼のふたをしていた過去が意識下からよみがえり溢れ出すことによって、苦痛を味わう体験をします。そのような苦痛をくぐりながら、アビシクタナンダもマーリーも人類を生きる霊性を生き抜きました。彼らは宗教を差別や排除の原理とするあり方から、その都度、身を引きはがし、その時その時誠実を尽くす生き方を貫きました。そして彼らの根底に常にあったのは、「キリストの啓示」でした。キリストの生涯こそが、彼らを根底において導いていたのです。自分が自分であることを受け止め、他者が他者であることを受け止めること、そこには苦しみが伴いますが、必ず新しい開けが生まれます。真理は人間の手中にはないが、神が必ず働いてくださる、自分を空っぽにすればするほど、そこに神の働く場が生まれる、そしてその神はキリスト教徒だけの神ではないという確信を、押田は、他宗教の人々との出会いを通じて深めていったことでしょう。

押田は高森草庵という労働と祈りの生活の場でそのことを実践し続けました。押田成人の伝えているメッセージは、混迷を深め解決の見えない問題が山積している現代において、ますますその重さを増している気がします。和解と交わりは、〝まこと〟を所有することはできない、と深く自覚する者にこそ、与えられるものであること、自分を空にしてそのことを待ち望む者の間にこそ、現成してくるということを、押田と諸宗教の人々との友情は示してくれています。

注

（1）Christian Hackbartha-Johnson, *Interreligioese Existenz - Spiritual Erfahrung und Identitaet bei Henri Le Saux (O.S.B) /Swami Abhishiketananda (1910-1973)*, 2003, Peter Lang 参照。

あとがき

わたしたちはもはや他人同士ではなくなりました。むしろわたしたちは、わたしたちを結びつけるものがわたしたちを分かつものよりも大きいことを学んできました。

〈共同声明より〉

二〇一六年十月三十一日、ルンド（スウェーデン）の大聖堂で、ルーテル教会とカトリック教会が、初めて宗教改革を共同で記念する礼拝を開催しました。その時、教皇フランシスコとルーテル世界連盟議長ムニブ・ユナン氏がともに署名した「共同声明」からは、曙の光が差し込んでくるのが感じられます。それは、五〇〇年にわたって別れていた兄弟がついにしっかりと抱擁し合い、互いが兄弟であることを確かめ合った歴史的な出来事でした。

日本では、二〇一七年十一月二十三日、長崎のカテドラル浦上教会で一三〇〇名の出席者を集めた記念シンポジウムと共同記念礼拝が行われました。この画期的な「共同記念」を三年間の準備を経て実現した委員の一人、ルーテル教会事務局長の白川道生牧師は、始めに乗り越えるべき困難は互いの無知であったと謙遜に語っておられます。この共同礼拝は、カトリック教会の側からは、ルーテル教会についての基本的な学び、ルーテル教会の側からは、第二バチカン公会議を中心とした現代カトリック神学及び教会史の学びによって準備されてゆきました。

二〇一七年の神学講習会も、同じく、まず互いをより良く知るという原点から企画されました。そして、ルーテル教会から石居基夫先生、日本キリスト教団からは、石井智恵美先生と打樋啓史先生をお迎えすることができました。

講習会のテーマ「和解と交わりをめざして」にふさわしく、「宗教改革を通じて受けた霊的および神学的な賜物」(共同声明)をまず学び、そこからより深い「交わり」の霊性を探るといったダイナミズムの中で、八名の講師にお話をいただくことができました。

第Ⅰ部冒頭の基調講演ともいうべき論考は、ルーテル学院大学で教鞭を執られ、浦上教会の共同礼拝にもシンポジストとして参加された石居基夫氏による長年のエキュメニズムの経験を通して紡ぎ出されたものです。今までのルーテルとカトリックの対話の歩みを概観し、二〇一七年の様々な行事の意味、そして、ルターの改革の現代的意義をわかりやすく解き明かしています。中でも、「改革された教会は、絶えず改革される教会であるべきだ」という指摘と、第二バチカン公会議をカトリック教会内の一種の「宗教改革」と捉える観点は未来への道を切り開くものです。

次に聖書学者の佐久間勤氏は、旧約聖書のヨセフ物語という源泉から、和解を可能とするものは何かを読み取り、これからの歩みへの貴重な示唆を与えています。

川中仁氏は、イグナチオ・デ・ロヨラの霊性を専門とするイエズス会士です。現代のイエズス会の霊性が、神との和解・人間相互の和解・被造界との和解という三重の和解に基づく「キリストのミッション」に与ることであると指摘します。

打樋啓史氏は、長年、テゼ共同体と関わりその霊性に精通しておられる方です。創立の初めから、テゼ共同体がいかに教会一致運動の魂の一つであったかについて、ブラザー・ロジェの歩みを中心に解き明かしています。

第Ⅱ部では、幸田和生氏と原敬子氏が共に、3・11後の痛みを抱えた社会との関わりの体験を踏まえ、聖書の分かち合いを通し、または神の場としての「公共神学」を通して、共同体作りと新しい交わりを模索する実践神学の営みについて提言しています。

そして、酒井陽介氏と石井智恵美氏は共に、ヘンリー・ナーウェンと押田成人というそれぞれに様々な壁や宗教の違いを超えて交わりの霊性を生きた二人の、現代の「預言者」としての側面を浮き彫りにしています。

二〇一七年のカトリックとルーテル教会との共同記念行事は、紛争とテロの荒れ狂う世界においては、まことにひそやかな試みに見えるかもしれません。しかし「かつての対立、分断、断罪と争いという歴史を生きてきた両教会が、丁寧な対話を積み重ねることによって、和解と交わり、協力をうみだしてきたということは、現代世界の状況に一つのモデルを示す」(本書30頁)ことになったはずです。争いから交わりへと向かう道が可能であると示したこと自体が大きな証しであるからです。

講習会の後で、聖イグナチオ教会のチャペルでテゼの祈りに講習会受講者が共に参加することができたのも、恵みの一時となりました。二〇一七年に蒔かれた種が、地中深く根をおろし、いつか空の鳥が訪れるほどの大木となることを信じたいと思います。

ブラザー・ロジェに深い信頼と友情を寄せていた教皇ヨハネ二十三世が、テゼについて

「ああ、テゼ！――あの小さな春の訪れ」

と言ったことは良く知られています。

いつの日か、二〇一七年十一月二十三日を思い返して、私たちはこう呟くのかもしれません。

「浦上、あの小さな春の訪れ」

と。

二〇一八年二月五日　日本二十六聖人の記念日に

片山はるひ

編著者紹介（50音順）

石井　智恵美（いしい・ちえみ）

1960年生まれ。同志社大学神学部大学院修士課程、韓国梨花女子大学大学院修士課程修了。ドイツ・ミュンヘン大学神学部博士課程単位取得退学。富坂キリスト教センター研究主事を経て、現在、日本基督教団まぶね教会牧師、農村伝道神学校非常勤講師。

〔編著書〕『日韓キリスト教関係史資料Ⅱ　1923-1945』（共同編集、新教出版社、1995年）、『地球のみんなと生きる』（共著、新教出版社、1998年）、『現代世界における霊性と倫理――宗教の根底にあるもの』（共著、行路社、2005年）、『牧師とは何か』（共著、日本キリスト教団出版局、2013年）。

石居　基夫（いしい・もとお）

1959年東京生まれ。日本ルーテル神学校、米ルーサー神学校博士課程修了。Ph. D（神学）。現在、日本ルーテル神学校校長、ルーテル学院大学教授。デール・パストラル・センター所長。

〔著書〕『はじめてルターを学ぶ人のために』（共著、世界思想社、2008年）、『スピリチュアルペインとそのケア』（共著、キリスト新聞社、2015年）、『キリスト教の死と葬儀』（同、2016年）他。

〔論文〕「アウグスブルク信仰告白に見る信仰義認とエキュメニズム」（ルター研究　別冊『宗教改革500周年とわたしたち』3号、2015年）、「ルターの教理問答における『私』の問題〜中世と近代の狭間で〜」（ルーテル学院研究紀要No.50、2016年）他。

打樋　啓史（うてび・けいじ）

1967年兵庫県生まれ。関西学院大学大学院博士課程前期課程修了、同後期課程単位取得退学。キングス・カレッジ・ロンドン大学院修士課程修了（MPhil）。現在、関西学院大学社会学部教授・宗教主事（専攻：初期キリスト教史、教父学、礼拝学）

〔編著書〕『現代世界における霊性と倫理——宗教の根底にあるもの』（共著、富坂キリスト教センター編、行路社、2005 年）、『キリスト教平和学事典』（共編著、関西学院大学キリスト教と文化研究センター編、教文館、2009 年）、『よくわかる宗教学』（共著、櫻井義秀・平藤喜久子編、ミネルヴァ書房、2015 年）他。
〔訳書〕テゼ共同体編『来てください、沈むことのない光——初期のキリスト者たちのことば』（サンパウロ、2002 年）他。

片山　はるひ（かたやま・はるひ）
1959 年東京都生まれ。上智大学フランス文学科卒業、同大学院博士課程修了。フランス・プロヴァンス大学にて文学博士号を取得。上智大学文学部教授を経て、現在、上智大学神学部教授（専攻：キリスト教文学、キリスト教の霊性）。ノートルダム・ド・ヴィ会員。
〔著書〕『フランス文学の中の聖人像』（共著、国書刊行会、1998 年）、『現代に活きるキリスト教教育』（共著、ドン・ボスコ社、2009 年）、『ひかりをかかげて　永井隆——原爆の荒野から世界に「平和を」』（日本キリスト教団出版局、2015 年）、『福音の喜び——人々の中へ、人々と共に』（編著、同、2016 年）他。
〔論文〕「カルメルの霊性と現代」（『人間学紀要』第 34 号、2004 年）、「宗教教育における『物語』の役割」（『カトリック教育研究』第 26 号、2009 年）他。

川中　仁（かわなか・ひとし）

1962 年東京都生まれ。上智大学神学部卒業、同大学院神学研究科修士課程修了。ドイツ・ザンクトゲオルゲン哲学−神学大学博士課程修了。神学博士（Dr. theol.）。現在、上智大学神学部教授（専攻：基礎神学、イエズス会の霊性）。
〔著書〕*„Comunicación" Die trinitarisch-christozentrische Kommunikationsstruktur in den Geistlichen Übungen des Ignatius von Loyola*（Josef Knecht, 2005）, *Zur größeren Ehre Gottes. Ignatius von Loyola neu entdeckt für die Theologie der Gegenwart*（共著、Herder, 2006),『史的イエスと「ナザレのイエス」』（共著、リトン、2010 年）、『さまざまによむヨハネ福音書』（共著、同、2011 年）、『ルターにおける聖書と神学』（共著、リトン、2016 年）、『神のいつくしみ——苦しみあわれむ神』（共著、日本キリスト教団出版局、2017 年）他。

編著者紹介

幸田　和生（こうだ・かずお）

1955年東京都生まれ。上智大学神学部卒業。東京カトリック神学院卒業。1985年司祭叙階。2005年司教叙階。現在、カトリック東京大司教区補佐司教。

〔著書〕『福音をきくために』（オリエンス宗教研究所、1993年）、『ゆるしの力』（女子パウロ会、1995年）。

酒井　陽介（さかい・ようすけ）

1971年神奈川県生まれ。イエズス会司祭。上智大学卒業、教皇立グレゴリアン大学心理学科修士課程修了。現在、同大学博士課程在籍。（専攻：宗教心理学、キリスト教人間学）。

〔著書〕『ヘンリー・ナーウェン――傷つきながらも愛しぬいた生涯』（ドン・ボスコ社、2008年）、『霊性――光り輝く内なる言葉』（共著、教友社、2017年）。

佐久間　勤（さくま・つとむ）

1952年兵庫県生まれ。教皇立聖書研究所修士課程修了、教皇立グレゴリアン大学博士課程修了。神学博士。上智大学神学部教授（旧約聖書神学）。

〔論文・著書〕「ペドロ・ゴメスの『神学要綱』における聖書理論――その著者と源泉資料の分析結果の報告」（『カトリック研究』65号、1996年）、『四季おりおりの聖書』（女子パウロ会、2001年）、「旧約聖書の神と愛」（共著、『愛――すべてに勝るもの』所収、教友社、2015年）、「旧約聖書といつくしみの神」（『神のいつくしみ――苦しみあわれむ神』所収、日本キリスト教団出版局、2017年）他。

〔訳書〕J. L. スカ『聖書の物語論的読み方――新たな解釈へのアプローチ』（共訳、日本キリスト教団出版局、2013年）他。

髙山　貞美（たかやま・さだみ）

1955年福井県生まれ。南山大学大学院文学研究科神学専攻修士課程修了、教皇立グレゴリアン大学神学部博士課程修了。現在、上智大学神学部教授（専攻：キリスト教人間学、諸宗教の神学）。

〔共著書〕『親鸞――浄土真宗の原点を知る』（「対談 島薗進（宗教学）× 髙山貞美

（神学）――親鸞、そのひらかれた可能性 外部からの問いかけ」河出書房新社、2011年）、『希望に照らされて――深き淵より』（共著、日本キリスト教団出版局、2015年）、『「知としての身体」を考える――上智式 教育イノベーション・モデル』（共著、学研マーケティング、2014年）。

〔論文〕「イエスの教えと歎異抄」（『キリスト教文化研究所紀要』第27号、2008年）、「遠藤周作と親鸞における『海』」（『カトリック研究』第80号、2011年）他。

原　敬子（はら・けいこ）

1965年広島市生まれ。広島大学大学院教育学研究科修了、Institut Catholique de Paris（パリ・カトリック大学）において神学修士号（STL）取得。上智大学大学院神学研究科博士後期課程において博士号取得。現在、上智大学神学部准教授（専攻：実践神学、宣教学、司牧神学）。

〔著書〕『キリスト者の証言――人の語りと啓示に関する実践基礎神学的考察』（教文館、2017年）、『宗教改革と現代――改革者たちの500年とこれから』（共著、新教出版社、2017年）。

和解と交わりをめざして——宗教改革 500 年を記念して

2017 年上智大学神学部夏期神学講習会講演集

2018 年 3 月 20 日　初版発行

編著者　片山はるひ
髙山貞美

発　行　日本キリスト教団出版局

〒 169-0051　東京都新宿区西早稲田 2 の 3 の 18
電話・営業 03（3204）0422、編集 03（3204）0424
http://bp-uccj.jp/

印刷・製本　モリモト印刷株式会社

ISBN978-4-8184-1000-8　C3016
日キ販
Printed in Japan